O CALDEIRÃO DOS MISTÉRIOS

UM GUIA COMPLETO SOBRE WICCA

Patricia Crowther

O CALDEIRÃO DOS MISTÉRIOS

UM GUIA COMPLETO SOBRE WICCA

ALFABETO

© Publicado em 2020 pela Editora Alfabeto
Impresso pela Lightning Source International / Ingram Spark
Publicado originalmente por Fenix Flames Publishing Ltd

Supervisão geral: Edmilson Duran
Revisão: Luciana Papale e Renan Papale
Tradução: Rejeane Melo
Capa: Rodval Matias
Diagramação: Décio Lopes

DADOS INTERNACIONAIS DE CATALOGAÇÃO NA PUBLICAÇÃO

Crowther, Patricia

O Caldeirão dos Mistérios: um guia completo sobre Wicca / Patricia Crowther Editora Alfabeto | 1ª edição São Paulo | 2020.

ISBN: 978-65-87905-02-0

1. Wicca   2. Esoterismo I. Título

Todos os direitos reservados, proibida a reprodução total ou parcial por qualquer meio, inclusive internet, sem a expressa autorização por escrito da Editora.

A violação dos direitos autorais é crime estabelecido na Lei n. 9.610/98 e punido pelo artigo 184 do Código Penal.

Direitos autorais © 2020 Fenix Flames Publishing Ltd Patricia Crowther

A ilustração da capa foi executada por John Harper, que continua a Tradição Hereditária Plant Bran, da falecida Ruth Wynn-Owen.

EDITORA ALFABETO
Rua Protocolo, 394 | CEP 04254-030 | São Paulo/SP
Tel: (11)2351.4168 | E-mail: editorial@editoraalfabeto.com.br
Loja Virtual: www.editoraalfabeto.com.br

Em memória de

Sarah Louise Kay

9 de abril de 1992 – 5 de Janeiro 2019

Agradecimentos

A autora deseja agradecer as pessoas a seguir por sua ajuda e incentivo durante a produção deste livro:

Sr. J. Edward Vickers; Sr. John H. Cutton; Sr. Nicholas Sandys; Sr. Chris Bray; Sr. Ian Lilleyman; Sr. Leon Dickens e a Aerofilms Ltda, pelo fornecimento de duas fotografias.

Também agradecemos a Macmillan & Co. Ltd. por sua permissão para citar *The Ballad of The White Horse (A Balada do Cavalo Branco)* de GK Chesterton.

Sumário

Prefácio para a Edição Brasileira..11

Prefácio..13

Reflexões 14

1. Chegando ao Diabo 15

2. O Renascimento 23

3. Em Busca dos Deuses Antigos da Grã-Bretanha........................31

4. Gerald Brosseau Gardner..43

5. Iniciação 53

Formando o Círculo..58

As ferramentas da magia 60

Os quatro elementos..63

6. Fazendo Magia..69

Feitiços 74

Magia com velas..76

Magia com cordas..77

Magia da água 78

Invocações, cânticos e orações..79

7. O Local Sagrado 95

8. As Marés 107

A Roda das Bruxas..114

9. A Dança 117

10. Os Chamados 123

11. Os Mistérios do Simbolismo 129

12. Métodos de Adivinhação 139

  Ar 140

  Fogo 141

  Água 142

  Terra 143

  A Chave para as Runas 146

  Como Lançar as Runas 149

13. Introdução aos Rituais Planetários 151

14. O Rito de Saturno 155

15. O Rito de Júpiter 161

16. O Rito de Marte 165

17. O Rito do Sol 171

18. O Rito de Vênus 177

19. O Rito de Mercúrio 183

20. O Rito da Lua 189

  Apêndice: A Sequência dos Períodos Planetários 197

  Bibliografia 199

Prefácio para a Edição Brasileira

Tenho o prazer de apresentar ao nosso público leitor um dos maiores clássicos da Bruxaria Moderna, *O Caldeirão dos Mistérios*, escrito por Patricia Crowther, uma das grandes mães da Wicca e porta-voz da Arte por mais de 60 anos.

Iniciada pelo próprio Gardner, a autora é considerada por uma esmagadora maioria de Bruxas e Bruxos como a herdeira espiritual e continuadora do legado do pai da Bruxaria Moderna.

Após sua iniciação, Patricia e seu marido, Arnold Crowther, fundaram o Coven de Sheffield, em 1961. Esse era o *start* necessário para que uma sucessão de feitos notáveis fosse alcançada. Publicações de diversos livros, entrevistas para redes de TV e para uma infinidade de revistas e de jornais locais e nacionais, assim como para consagrados periódicos sobre Ocultismo, além de realizações de conferências ao redor de todo o mundo compõem a trajetória dessa personalidade tão importante para a história da Arte.

Em sua prolífica vida como uma iniciada da Antiga Religião, Crowther não parou um só instante de iniciar e guiar pessoas no caminho do conhecimento, bem como jamais deixou de trabalhar intensa e ativamente na promoção da Wicca. Em 1971, Patricia e seu marido escreveram e apresentaram *A Spell of Witchcraft*, um programa de rádio produzido e transmitido pela Rádio BBC de Sheffield, onde explorou a história e o folclore acerca da Bruxaria, apresentando a rotina de um Coven para a comunidade local.

Ao longo da história do renascimento da Bruxaria vimos diversas figuras aparecerem e desaparecerem do cenário Pagão. Algumas até mesmo abandonaram esse caminho para explorar outras sendas em uma busca incessante pela espiritualidade e o sentido da vida. Patricia Crowther, porém, cujo coração fez morada na Wicca, sempre permaneceu como um pilar inspirador central e constante para todos nós, sendo um farol para os que buscam neste caminho a conexão com os Deuses Antigos. Ela sempre esteve à inteira disposição do grande público para esclarecer todas as dúvidas sobre o Culto das Bruxas.

Seu legado para a Tradição Gardneriana, com base em sua linha de Wicca, a Sheffield, é indelével e tem sido como uma estrela polar para que os buscadores da Bruxaria jamais se perdessem em suas estradas.

Conforme discorrer as páginas deste livro, o leitor perceberá a seriedade com a qual Patricia encara o Oculto e, particularmente, a Wicca. Nele não há lugar para uma atitude leviana ou descomprometida com os mistérios. O tom da obra é profundo, solene e bem diferente de muitos livros que encontramos sobre o tema nas prateleiras das livrarias, que trazem sempre mais do mesmo, sem muito a acrescentar.

Para todos aqueles que estão cansados deste tipo de obra, este é o livro recomendado!

Levando em consideração cada um dos ensinamentos aqui compartilhado, o buscador avançará como jamais imaginou em sua jornada mágica e terá um arcabouço de conhecimentos e informações que não deixarão nada a desejar aos Bruxos formados nos mais proeminentes Covens existentes na atualidade.

O Caldeirão dos Mistérios é um daqueles livros obrigatórios, tanto para ser lido quanto para fazer parte de sua coletânea de clássicos da literatura Pagã de todos os tempos, que cresce mais a cada novo lançamento pela coleção Ardane da Editora Alfabeto.

Damos as boas-vindas a mais uma obra de sabedoria ancestral inigualável, que agregará muito valor à sua jornada de mistérios rumo aos Deuses!

Prefácio

A fantástica opinião de que o mundo começou por volta de 4000 AEC caiu por terra apenas recentemente. O cristianismo, ou melhor, o "religiosismo", manteve seus filhos presos nas roupagens dos dogmas religiosos e colocou em torpor as mentes questionadoras de forma calculada, para dispensar qualquer rebelião de pensamento.

A atitude mais santa do que na verdade é, tem sido adotada como uma capa por aqueles que executam os negócios espúrios da Igreja.

No entanto, os aspectos sinistros de suas atividades têm todos os ingredientes de uma história de horror. Onde as pessoas mostraram uma centelha de inteligência ao pensar por si mesmas, ou demonstraram lealdade ou simpatia por uma religião mais antiga, a máscara caiu e os que não se conformaram foram cruelmente perseguidos.

Com as dores da morte da agonizante Era de Peixes, as pessoas foram libertadas de seus laços mentais e físicos com todas as implicações que isso envolve. Como se de repente escapassem dos anos que passaram em uma masmorra escura, eles se apegaram a ideias para aliviar sua fome mental, independentemente de serem saudáveis ou adequadas para elas. Nunca houve um tempo em que tantos cultos, seitas e "cenas" diferentes foram seguidos, nem outro tempo em que houvesse um "acontecimento" maior no campo das drogas e de seus traficantes e dos praticantes de Magia Negra.

Homens e mulheres despertaram de seu estupor apenas para descobrirem que estão sozinhos na floresta escura. As pessoas não são mais cuidadas por conselheiros religiosos, dizendo-lhes o que pensar e o que fazer. Por fim, suas roupas se deterioram com o tempo, deixando-os nus novamente, e, de muitas maneiras, totalmente inocentes.

Infelizmente, o cordão umbilical que os leva de volta à sua Mãe foi perdido. Está em algum lugar da floresta e precisa ser encontrado. Eles terão que procurar demoradamente e com sabedoria para encontrá-lo, ignorando todos os pedaços perdidos do cordão descartado que possam prendê-los ou levá-los mais fundo na floresta escura. Quando o cordão prateado for visto brilhando na escuridão, eles estarão a salvo. Pois isso os conduzirá através da floresta repleta de espinhos à luz de seu grande renascimento espiritual na Era de Aquário.

Reflexões

Silencioso é o Círculo,
Mantendo seus segredos dentro de seus limites
Eles esperam ser descobertos – com sorte,
Por alguém que reverencie e guarde os Mistérios.

Pegue minha mão e mergulhe na profundeza do sagrado;
Velas em cada Portal marcam com chama viva
Os Senhores dos elementos.

Coroa de tudo – o Altar,
Solidifica o propósito único de Deuses e homens.

O Espelho – eco da Lua
Vigilante atrás da cortina prateada.

Tudo pode ser revelado aqui na evolução da alma
Passado, presente e futuro – todos unidos,
À medida que o tempo é traído
O escudo brilhante devolve nossa imagem atual
E, com ela – o conhecimento.

Senhora dos Três Caminhos; digne-se a me olhar;
Abra minha visão interior enquanto olho para o escudo mágico.

Rainha do Reino Astral, mostre a sua serva o seu verdadeiro Eu.
No escuro da Lua só há revelação e revelador;
Rainha da Noite, eu a invoco para me ajudar em minha missão.

Patricia C. Crowther

Chegando ao Diabo

Já faz mais de vinte anos desde que o renascimento da Bruxaria, ou da Arte dos Sábios, aconteceu. Mas é muito improvável que o público em geral tenha uma compreensão maior sobre ela do que se tinha tempos atrás. É claro que existem muitas pessoas que obtiveram uma visão mais profunda desse assunto tão estigmatizado, mas estas são a minoria, aquelas que possuem uma curiosidade inata ou uma inclinação natural para estudos sérios.

A maioria das pessoas não consegue superar a imagem de uma velha horrível mexendo um caldeirão com ingredientes nocivos. Afinal, esta é a imagem que tem sido programada na mente subconsciente do público por centenas de anos, e eles relutam em abandoná-la.

A Igreja medieval trabalhou para isso. Para eles as Bruxas adoravam o Diabo e os maus tinham que ser expulsos da comunidade e punidos. Nada foi pior para essas criaturas. As agonias do fogo e da tortura salvariam, talvez, suas almas culpadas dos fogos perpétuos do inferno!

Muitas maneiras e métodos engenhosos de tortura foram a criação de mentes sacerdotais obcecadas com a ideia do pecado original: mentes que haviam sido instiladas pela aversão ao sexo e, particularmente, à mulher. Aqui estava a víbora! A serpente fêmea que seduziu e degradou o coração e a alma do homem!

Essa é a teologia católica e, no Calendário Romano, um dos nomes mais aclamados é o de Santo Agostinho. No entanto, suas opiniões vis e degradantes sobre o corpo humano são repugnantes. Seu famoso epigrama, *Inter faeces et urinam nascimur* "Nascemos entre excrementos e urina", revela uma mente inacreditavelmente sórdida.

Outros santos não eram melhores. São Bernardo proclamou: "O homem nada mais é do que um esperma fétido, um saco de esterco", enquanto São Jerônimo disse sobre as mulheres: "O alimento dos vermes, você nunca viu uma colina de esterco mais vil. Ela é o portão pelo qual o Diabo entra, o caminho que leva ao pecado; ela é o que o ferrão do escorpião é... A mulher é o fogo, o homem é a estopa, e o diabo, o sopro".

São Máximo, que morreu em 662 EC, teve uma visão semelhante da mulher: "Ela naufraga os homens, é uma tirana que os leva em cativeiro, uma leoa que os segura com força em seus abraços, uma sereia adornada para atraí-los à destruição, uma besta maliciosa". São Anastácio, o Sinaíta, a viu como "uma víbora vestida com uma pele brilhante, um conforto para os demônios, um laboratório de diabos, uma fornalha flamejante, uma lança com a qual o coração é perfurado, uma tempestade pela qual casas são derrubadas, uma guia que conduz às trevas, uma professora de todo o mal, uma língua desenfreada que fala o mal dos santos".

Não podemos considerar todas essas opiniões como um mero absurdo, porque elas expressam pontos de vista que ainda são lei oficialmente na Igreja! Essas citações, assim como outras muito piores, vêm do *Directorium Sacerdotale*, um guia para padres usado para sua vida pública e privada, publicado pelo padre Benedict Valny, um jesuíta francês aprovado pelo Vaticano.

A religião dominada pelos homens do cristianismo é estéril, opressiva e culposa, montada sobre si mesma, e o resultado foi a crueldade e o sadismo. Isso era um escape óbvio para a energia sexual reprimida, privada de uma saída natural: um grito muito distante de seu inocente fundador, Jesus Cristo, que teria ficado totalmente impressionado ao observar os modos bárbaros dos homens, fazendo declarações em seu nome.

O padrão negativo recebeu um bom impulsionamento através da figura do Diabo, ou do Velho Nick, e sua concepção estava longe de ser pura. Ele poderia ser descrito como um homúnculo espiritual criado à partir de várias formas de Deuses pré-cristãos, pelo menos de acordo com sua suposta aparência "física". De fato, nunca houve uma descrição de sua Majestade Satânica antes da Idade Média, mas desde aquela época vimos sua figura espetacularmente horrenda em todas as formas possíveis de arte.

Muitas imagens mostram o Diabo sentado em um trono alto em meio a seus devotos que se entregam a todo tipo de devassidão. Esse tema também reflete as mentes subconscientes dos homens, doutrinadas há muito tempo com dogmas hostis em relação às funções naturais do corpo.

Era comum presumir que as servas do Diabo eram, é claro, as Bruxas. O desprezo da Igreja Cristã pelas mulheres foi benigno em comparação com a sua opinião acerca dos adeptos da Antiga Religião. A ênfase no conceito de uma Deusa Mãe atendida por sacerdotisas não podia, a qualquer preço, continuar; e o preço acabou sendo muito alto – ou seja, o sangue humano!

O primeira sinal da tempestade que se aproximava veio na forma de um documento chamado *Canon Episcopi*, de 906 EC, publicado por Regino em seu *De Ecclesiastica Disciplinis*. Ele o atribuiu ao Conselho da Igreja de Ancyra, reunido em 314 EC, embora as autoridades modernas questionem isso. Esse documento parece um conto de fadas comparado ao *Malleus Maleficarum*, que mais tarde passou a ser conhecido como *O Martelo das Feiticeiras*.

Quaisquer que sejam as origens do *Episcopi*, ele foi usado como um documento oficial pela Igreja Cristã. Sua principal afirmação era que as Bruxas eram hereges que adoravam "Diana, a Deusa dos Pagãos", como mostra o seguinte trecho:

> Também não se deve omitir que algumas mulheres más, pervertidas pelo diabo, seduzidas por ilusões e fantasmas de demônios de forma confessa e declarada, cavalgam, nas altas horas da noite, em certas bestas com Diana, a Deusa dos Pagãos, e que uma infinidade de mulheres, no silêncio da calada da noite, atravessam grandes espaços da terra e obedecem os mandamentos de sua senhora e são convocadas para o serviço dela em certas noites. Mas eu gostaria que fossem elas que perecessem pela sua falta de fé e sem atrair muitos com elas para a destruição da infidelidade. Pois uma multidão inumerável, enganada por essa opinião falsa, acredita

nisso como verdade e, assim, acredite, desviam-se da fé correta e se envolvem no erro dos pagãos quando pensam que existe algo de divindade ou poder que não venha do Deus único. Portanto, os sacerdotes, em todas as suas igrejas, devem pregar com toda insistência ao povo para que eles saibam que isso é falso e que tais fantasmas são impostos às mentes dos infiéis não pelo espírito divino, mas pelo espírito maligno.

Essa propaganda nada sutil foi lançada com a intenção de afastar as pessoas da Antiga Religião. Em alguns casos pode ter funcionado, mas aparentemente esqueceram-se de que a maioria da população da época não sabia ler nem escrever! Essas divulgações foram limitadas às classes altas, aos ricos e à própria Igreja.

O clero teve que trabalhar muitas horas extras para instilar essas visões em seus rebanhos. Mesmo assim, mudar a fé das pessoas é praticamente impossível. A única maneira de fazê-lo com sucesso é pela força, e foi isso que, no final, a Igreja teve que usar para alcançar qualquer tipo de vitória.

Assim, em 1484, o Papa Inocêncio VIII publicou uma *Bula Papal* (um bom decreto) que atingiu as Bruxas. Afirmava-se que as Bruxas copulavam com demônios nas formas de íncubos e súcubos; matavam bebês, gado e pessoas; homens e mulheres eram afetados por todos os tipos de doenças; impediam a relação sexual entre marido e esposa e tornavam os homens impotentes e as mulheres estéreis. O decreto foi um sinal para os executores de todas as partes limparem suas câmaras de tortura e verificarem se seus instrumentos de dor estavam em boas condições.

A Bula foi impressa e disseminada por toda a Europa e, embora houvesse muitas persuasões pelo resultado dela, milhares de pessoas continuaram participando de suas reuniões religiosas e festivais.

Dois anos depois, em 1486, o famoso *Malleus Maleficarum* foi publicado sob o patrocínio do Papa. Os autores foram Heinrich Kramer e Jakob Sprenger, a quem o Papa chamou de "filhos amados". O texto foi escrito especificamente com a intenção de ser um documento oficial para a perseguição às Bruxas e o silenciamento de quaisquer vozes que pudessem ser a favor delas.

O *Canon Episcopi* havia se tornado um documento embaraçoso para os implacáveis exterminadores do Paganismo. Como poderia alguém ser condenado por Bruxaria quando ensinava que toda Bruxaria era uma ilusão? O *Malleus Maleficarum* negou a doutrina do trabalho anterior, afirmando que era uma heresia não acreditar em Bruxaria, e forneceu provas suficientes de seus males, como o abuso habitual por parte das mulheres e histórias sobre pessoas sendo levadas por demônios que poderiam matar ou mesmo afetar homens e mulheres com um simples olhar, bem como sobre Bruxas usando seu Anfitrião para fazer magia maligna.

Estudiosos apontaram que esses dois trabalhos eram, de fato, falsificações. (Ver *The Meaning of Witchcraft, O Significado da Bruxaria*, de Gerald B. Gardner.)

Para a maioria das pessoas, o Diabo era uma figura perigosamente atraente. Muitos o equipararam ao Deus pagão Pan, um conceito viril e masculino de divindade, muito amado por todas as nações da Europa. Para os cristãos em geral, ele era o mal personificado. A ingenuidade da Igreja na construção dessa gigantesca forma de pensamento é claramente óbvia para estudantes sérios do ocultismo. Era, de fato, uma imagem mágica de proporções imensas e, como a maioria das entidades astrais que foram "nascidas" no ódio, passou a assumir o controle de seus criadores!

Ainda hoje, nesta nossa Era dita tão esclarecida, a Igreja continua em guerra com a Bruxaria, o espiritualismo e coisas do gênero. O treinamento de padres em exorcismo é agora algo "interno", embora isso faça parte da instrução comum de um sacerdote antes da ordenação.

Parece que há cada vez mais pessoas sendo "possuídas" por espíritos malignos por meio de "brincadeiras" de Bruxaria e Magia Negra. Em termos psicológicos modernos, uma pessoa considerada "possuída" estaria sofrendo de algum distúrbio mental, não de "espíritos malignos". Seu tratamento provavelmente envolveria terapia adequada e atenção médica, não um exorcismo corporal.

A Arte dos Sábios não admitirá ninguém que seja instável. Seus adeptos são geralmente pessoas inteligentes, bem instruídas e humanas. Além disso, seria difícil encontrar uma pessoa que não se beneficiasse dos ensinamentos eruditos, abrangentes e espirituais da Arte e que não se tornasse uma pessoa melhor mantendo-se fiel a ela.

Fato é que, neste país cristão[1], mais da metade dos hospitais está cheia de pessoas que sofrem de algum tipo de transtorno mental. Serão todas elas Bruxas? Eu creio que não!

Quanto ao bicho-papão da Magia Negra, esse é um termo frequentemente usado de forma indiscriminada e descontrolada. A Magia Negra real é o uso dos poderes da mente com a intenção de prejudicar o outro de alguma maneira. Qualquer um que pense mal contra outra pessoa está realizando um ato de Magia Negra. Uma Bruxa ou um "Sábio", seria muito cuidadoso com o que faz nesse sentido, acreditando na Lei Universal do Karma. Este é o princípio de que "aquilo que você semeia é o que colherá" e isso é um ensinamento muito mais antigo que o dos cristãos.

Na Arte existem poucas leis, mas as que existem estão intimamente ligadas à magia, são positivas e afirmam a vida:

Oito palavras da Rede Wiccaniana deves respeitar:
Sem nenhum mal causar, faça aquilo que desejar.

Portanto, se um Bruxo intencionalmente se propusesse a prejudicar alguém, ele não apenas violaria uma lei muito estrita, provocando assim a ira da Deusa, mas também estaria se colocando em risco, porque a magia realizada voltaria três vezes para ele.

É bastante evidente que pessoas versadas na prática da magia podem facilmente "ignorar" outra pessoa se assim o desejarem. A verdade é que, sendo ou tornando-se Sábios, e sabendo o que sabem, eles evitam ao máximo causar danos, tendo certeza das consequências de tal ato. De qualquer forma, por que enfrentar as falhas de outra pessoa?

Presumivelmente, um indivíduo deve ter sido "magoado" ou ferido por outro para fazê-lo querer revidar. Os Sábios permitem que os culpados expiem seu próprio carma negativo.

Sabe-se que, se alguém realmente pretender prejudicar um membro da Arte de alguma maneira, o Coven trabalhará para construir um muro psíquico de proteção para ele, e isso é geralmente realizado com sucesso. Mais do que isso, eles não farão.

---

1. N.R.: a autora se refere aqui à Inglaterra.

As pessoas que se entregam a pensamentos hostis e os habitam, geralmente são indivíduos egoístas e morosos, cujos pensamentos os tornaram assim – lembrando que "pensamentos são como coisas". Em outras palavras, todo mundo cria seu próprio Céu ou Inferno.

Desde o renascimento da Antiga Religião, milhares de pessoas têm pedido ajuda às Bruxas e, em muitos casos, desde que os pedidos tenham sido genuínos, elas puderam atendê-los. O trabalho não é fácil; requer uma abordagem altruísta da vida para se concentrar em alguém que provavelmente você nunca conheceu. Seus sucessos não são coincidências. Uma coincidência é algo semelhante ao próprio incidente e pode acontecer uma ou duas vezes, mas por meio disso é definitivamente outra coisa. Em suma, a magia pode ser definida – como muitos a descreveram – como "a arte de obter resultados".

É realmente uma atitude de escárnio da grande mídia com relação a qualquer coisa mágica que tornou a Bruxaria motivo de chacota, considerando que, se a Magia Negra é mencionada, ela é aceita completamente! Se eles acreditam em Magia Negra, por que não na Magia Branca? A resposta é muito simples: a Magia Negra é muito mais emocionante, especialmente quando é adequadamente abordada por escritos sensacionalistas com sexo, ritos de sacrifício de sangue e devoradores de virgens (se você puder encontrar uma), apelando aos apetites carnais de certos tipos de público.

Hoje estamos vendo os efeitos da repressão causados pelo pensamento e por comportamentos puritanos. Não se deixe enganar. Essa é a causa raiz da chamada sociedade permissiva. As pessoas que estão por trás da pornografia, do sadismo e da violência de qualquer natureza são o produto final de gerações de repressão. Ambas as formas de pensamento são igualmente ruins. Somente quando chegamos à conclusão de que o sexo é uma função natural, não separada ou diferente de qualquer outra atividade corporal, é que veremos alguma melhoria em nossa evolução espiritual.

Para nossos ancestrais, que adoravam a Grande Deusa Mãe e seu Consorte, o Deus Cornífero, o sexo era considerado sagrado. Não podemos fazer melhor a não ser seguir o exemplo deles. Os Antigos mantinham a mulher em alta estima, como a doadora mantenedora da vida. De muitas maneiras, ela era considerada a mais sábia e mais sagaz dentre os sexos. A mulher encarnava todo mistério e magia e, prestando a ela sua lealdade, o homem se santificou e se purificou.

Essa ideia muito antiga pode ser vista espelhada nas antigas Ordens de Cavalaria e na busca dos Cavaleiros pelo Santo Graal. O conceito mais antigo era o Caldeirão de Cerridwen e o da Imortalidade, que concedia três gotas da Graça da Inspiração. Há um mistério aqui que deve ser redescoberto.

Para muitos estudiosos, acredita-se que o Graal não tenha sido um objeto de metal, mas algo muito mais sublime: talvez a mulher virginal perfeita, adequada para ser a Mãe da Criança Divina. Talvez a comunhão com a Deusa divina fosse o objetivo. Um estudo das lendas do Graal, no entanto, mostrará os altos padrões espirituais e morais de nossos antepassados.

O renascimento da religião antiga aponta o caminho. A chama foi reacesa no Caldeirão. A mensagem para o futuro é clara:

A PARTIR DA ARTE, BROTAREMOS NOVAMENTE!

O Renascimento

Desde a invasão romana da Grã-Bretanha, houve um declínio constante do conhecimento esotérico. Os romanos destruíram a maior parte das evidências de nossa herança espiritual, que até então florescia como uma árvore de louro.

Esse conhecimento dizia respeito, entre outras coisas, aos poderes da natureza e às maneiras pelas quais eles podem ser utilizados para o benefício do ser humano. As antigas Linhas Ley[2] são um exemplo. Essas linhas, que formam uma rede em todo o mundo e convergem para locais onde o poder se cruza, são indicadas na superfície do solo por linhas retas, círculos de pedra, monólitos e colinas. Os cristãos construíram suas igrejas nestes lugares sagrados. Se eles conheciam o segredo, ou apenas construíam em lugares que eram sagrados para a Antiga Religião, não se sabe.

O poder Ley é literalmente a energia que faz com que tudo cresça. Ele é ativado em determinadas épocas do ano, ou seja, na primavera e no verão. Mas nem todas as linhas tem poder acelerador. Algumas delas indicam água, por exemplo, que pode ser encontrada por meio da radiestesia com o uso de uma forquilha.

---

2. N.R.: também conhecidas como linhas telúricas, campos electromagnéticos da Terra ou Ressonância Shumman, as linhas de Ley são distribuições lineares que ligam os locais de grande concentração energética do Planeta.

O inglês Alfred Watkins foi a primeira pessoa a descobrir essas linhas na década de 1920. Isso aconteceu de uma maneira muito notável. Num dia quente de verão, ele estava andando pelas colinas de Bredwardine, perto de Hereford, e parou para admirar a vista. De repente, toda a paisagem parecia mudar e ele estava olhando para uma parte do país como em uma época longínqua. Alfred viu uma teia de linhas que se estendiam até onde seus olhos podiam ver. Os lugares onde as linhas se cruzavam eram marcados por pedras e poços sagrados, montes de pedras e círculos de pedras. Todo o panorama estava diante dele neste momento de percepção elevada, era de tirar o fôlego.

Watkins era uma figura altamente respeitada em Hereford, onde negociava como comerciante. Ele se interessava por locais pré-históricos e antigos e sua visão o levou a marcar os locais em um mapa de uma polegada da Ordnance Survey. O resultado foi uma confirmação do que ele "viu" e isso ecoou por toda a Grã-Bretanha.

Os lugares antigos, quando marcados por uma régua, seguiam linhas retas. Uma característica peculiar era a aparência de certos nomes que ocorriam frequentemente ao longo dos caminhos ou das trilhas. Particularmente, os nomes dos lugares encontrados incluíam as palavras *Cold*, *Merry*, *Dod* e *Ley*, o que fez Watkins chamar esse padrão de Linhas Ley. Seu livro, *The Old Straight Track* (*O Velho Caminho Reto*), causou uma sensação menor, especialmente no campo arqueológico. Era algo que havia sido descoberto por outros sentidos que não os "normais" e, portanto, era considerado suspeito. No entanto, isso resultou na criação de uma sociedade formada por seus apoiadores, chamada Straight Track Postal Club (Clube Postal da Trilha Reta).

Watkins e seus amigos ficaram convencidos de que havia algo mais importante nas linhas do que apenas a direção que elas tomavam. Eles perceberam que animais e pássaros seguem essas linhas durante a migração. Também foi descoberto que havia semelhantes sistemas de trilhas em outros países do mundo. Concluiu-se que elas foram feitas sobre correntes de energia as quais eram conhecidas pelo homem antigo e resultaram na criação de um guia fisicamente ilustrado. Alfred Watkins morreu em 5 de abril de 1935, mas deixou uma herança preciosa de valor inestimável para quem tem olhos para ver.

Após o trabalho de Watkins, novos progressos ampliaram consideravelmente o conceito das Linhas Ley. Guy Underwood, arqueólogo e radiestesista, escreveu *The Pattern of the Past* (*O Padrão do Passado*) e em *The View over Atlantis* (*A Vista sobre Atlântida*), John Michell descreve as esotéricas técnicas de engenharia que foram usadas para construir monumentos como Stonehenge e as Pirâmides. Ele mostra como a harmonia celestial, a astronomia, a geometria solar e o Quadrado Mágico se combinam na construção de monumentos antigos e círculos de pedras. Um volume complementar, *The City of Revelation* (*A Cidade da Revelação*), discute a proporção e o número simbólico do Templo Cósmico.

A onda de interesse e as investigações sobre o que até então estava envolto em mistério e ignorância continuava ganhando força. As energias sutis nos seres humanos e nas plantas receberam atenção do trabalho pioneiro de TC Lethbridge.

De seus muitos livros, *Ghosts and the Divining Rod* (*Fantasmas e a Varinha Mágica*) é de particular interesse, enquanto seu fascinante E. S. P., *Beyond Time and Distance* (*Além do Tempo e da Distância*) demonstra que a mente do homem é imortal e está fora da influência do tempo e do espaço.

As observações de Lethbridge são notáveis, pois ele parece ter descoberto a existência de um tipo anteriormente desconhecido de raio que é utilizado por pássaros em migração e por animais. Suas investigações foram o resultado das ações de uma mariposa, a Privet Hawk, que entrou em sua casa por não outro motivo a não ser o de conseguir um abrigo!

O professor Gerald S. Hawkins fez um extenso e notável estudo de Stonehenge (as Pedras Suspensas) usando um computador moderno. Seu trabalho foi publicado em *Stonehenge Decoded* (*Stonehenge Decodificado*) e mostra como os povos antigos da Grã-Bretanha fizeram uma construção que era ao mesmo tempo um instrumento e uma obra de arte. Todos os dados disponíveis em seus alinhamentos foram colocados em um computador e foram acurados, apesar do fato de que as probabilidades contra isso foram calculadas em 10.000 a 1. Stonehenge está alinhado ao nascer e ao pôr do sol e com a Lua nos solstícios e equinócios, e também poderia ter sido usado para prever eclipses. Nas próprias palavras do professor: "Stonehenge está ligado ao Sol e à Lua tão firmemente quanto as marés".

Todas essas descobertas surpreendentes ocorreram no Ciclo da Lua. Segundo a astrologia (outra ciência muito antiga), cada planeta governa, por sua vez, um período de trinta e seis anos, e isso é conhecido como Ciclo. De 1945 até o ano de 1981, enquanto este livro estava sendo escrito, estivemos sob a influência desse orbe misterioso, a Lua.[3]

O renascimento da Bruxaria, com sua adoração à Deusa da Lua, ocorreu, curiosamente, no início do Ciclo Lunar. Sua abordagem foi anunciada alguns anos antes por um livro de uma eminente estudiosa, Dra. Margaret Murray, intitulado *O Culto das Bruxas na Europa Ocidental*. Este trabalho foi um dos primeiros deste século a mostrar a Bruxaria como religião. O livro discute os julgamentos de Bruxas ampla e detalhadamente, assim como as crenças, as cerimônias de iniciação e os rituais por elas praticados. Há também uma lista abrangente, que compreende um período que vai do século 15 ao século 17, de Covens, nomes de membros e nomes de Bruxas solitárias de todas as partes das Ilhas Britânicas.

No início do Ciclo da Lua, um romance pouco conhecido, *A Goddess Arrives* (*Uma Deusa Nasce*), foi publicado. O livro foi escrito por Gerald B. Gardner, um homem que passaria a ter uma tremenda influência sobre o renascimento da Bruxaria. Gardner escreveu em seguida a obra intitulada *Com o Auxílio da Alta Magia*, sob o pseudônimo de Scire, trazendo uma história que continha muitas informações sobre as crenças e práticas das Bruxas, incluindo uma invocação mágica muito interessante.

Em 1952, *O Deus das Bruxas*, de Margaret Murray, mostrou que as Bruxas dos tempos antigos não eram loucas. De fato, figuras históricas conhecidas como Joana d'Arc e o Rei Eduardo III foram mencionadas em conexão com a Antiga Religião.

Em 1954, foi publicada mais uma obra pelas mãos de Gerald Gardner, *Bruxaria Hoje*. No entanto, este livro se diferencia em um aspecto importante dos anteriores: desta vez ele admitiu que era um membro iniciado da Arte e descreveu cerimônias e práticas que até então eram mantidas em segredo, principalmente por causa da Lei Contra a

---

3. N.R.: de 1981 a 2016 o regente foi o Sol, e de 2017 a 2052, o regente do grande ciclo é Saturno.

Bruxaria. Essa lei, no entanto, foi revogada em 1951 e substituída pela Lei dos Médiuns Fraudulentos, que, como mostra o título, prova a existência de médiuns genuínos!

O livro *Bruxaria Hoje* vendeu muito bem e foi reimpresso várias vezes. Gardner escreveu na sequência mais um livro, *O Significado da Bruxaria*, que ainda segue sendo popular.

Foi logo após a publicação deste livro que Robert Graves escreveu uma antologia, *A Deusa Branca*, que ele diz ter sido espiritualmente inspirado a fazê-lo. Logo outros escritores de renome acrescentaram sua cota de publicações sobre a grande antiguidade das crenças das Bruxas.

A roda estava ganhando força e parecia estar a favor das Bruxas. Mas foi isso mesmo? Trazer à tona a Bruxaria novamente parece ter sido uma bênção mista. Muitos devotos genuínos acreditavam, como Gerald Gardner, que o público em geral deveria conhecer os fatos verdadeiros sobre ela. Eles estavam confiantes, chegara a hora de informar às pessoas sobre a total ausência de conexão entre a Bruxaria e a adoração ao Diabo e de que esta nunca houve. As Bruxas modernas achavam que, se seus predecessores suportaram as agonias da tortura e da morte cruel, poderiam suportar alguns zombadores, uma imprensa às vezes hostil ou uma entrevista condescendente na televisão ou no rádio em outras ocasiões.

Muitas Bruxas deram palestras sobre suas crenças, e ainda o fazem, mas certas pessoas descobriram que havia dinheiro a ser ganho com esse assunto intrigante. Anúncios duvidosos começaram a aparecer em várias revistas sobre Ocultismo, insinuando perversões e convidando os crédulos a se juntarem a um grupo particular de Bruxaria. "Adoração ao Diabo no Subúrbio", gritavam as manchetes da imprensa amarela. Os jornalistas aproveitaram a "nova" sensação. Muitos deles escreveram livros e artigos que eram uma mistura de Satanismo, Magia Negra e Vodu. Todos vinham sob o mesmo cabeçalho – "Bruxaria!" Porém, para dar o crédito devido aos jornalistas, houve quem se desse ao trabalho de estudar o assunto e entrevistar membros da Arte. Esses escritores deram opiniões imparciais, mas, infelizmente, eram uma minoria.

Muitos dos Covens atuais foram fundados por Gerald Gardner. Outros foram formados por pessoas que se tornaram membros dos grupos originais e que acabaram tendo o direito de formar seus próprios Covens.

Toda pessoa que deseja se tornar um membro da Arte deve fazer isso por intermédio de uma Bruxa ou de um Bruxo já iniciados; caso contrário, a iniciação não é válida. Esta tem sido uma lei rigorosa dentro da Arte ao longo dos tempos. No entanto, estranhamente, algumas Bruxas começaram uma campanha contra Gardner, anunciando que eram Bruxas hereditárias, ou seja, de famílias de Bruxas, e chamando os Covens de Gardner de "Gardnerianos", presumivelmente inferindo que todos, exceto elas mesmas, eram falsos. Isso me divertiu bastante, pois eu conhecia as pessoas que fizeram os ataques e até trabalhei com elas em um dos Covens de Gardner. Elas foram, na realidade, iniciadas pelo próprio Gardner.

É claro que existem muitas famílias de Bruxas nas quais o conhecimento foi passado de geração em geração. Mas deve-se ressaltar que, embora essa seja uma maneira admirável de se entrar nos Mistérios Profundos, não é a única. Um dos princípios mais importantes da Arte – e de fato de muitas outras religiões Pagãs – é a firme crença na reencarnação. As Bruxas acreditam que, se você já foi um Bruxo em uma vida anterior, provavelmemnte vai poder, quando renascer, ser atraído de volta à Bruxaria. Portanto, há pelo menos duas maneiras de herdar a sabedoria: nascer em uma família de Bruxos ou reencarnar e se iniciar em um Coven da atualidade.

Pessoas pertencentes a grupos hereditários, embora não desejem se expor, não são de modo algum contra as Bruxas que o fazem. Recebi muitas comunicações delas parabenizando-me pela minha coragem em defender a Fé, enquanto mantia meus votos acerca de seus segredos. Elas reconhecem plenamente que a Arte deve ser mantida viva a todo custo, e que a única maneira de fazer isso é introduzir sangue novo nela.

Disseram-me, também, que o retorno da Deusa havia sido profetizado por um tempo considerável. Que na nova Era de Aquário, o princípio feminino da Divindade voltaria a ser preponderante. Haveria um tempo futuro de felicidade e paz na Terra, quando a doutrina de um Deus totalmente masculino daria lugar à verdadeira igualdade entre homem e mulher através do plano divino. E a mulher, sob a orientação da Deusa, retomaria sua posição de sacerdotisa e profetisa.

O aspecto físico da Deusa, o da Mãe Natureza, já está começando, embora um pouco tardiamente, a exigir respeito. A recente formação de uma sociedade para a conservação do meio ambiente indica que as pessoas estão começando a perceber que a sobrevivência de toda a vida depende de recursos naturais. Esperamos que não seja tarde para melhorar essa situação. Como Robert Graves diz em *A Deusa Branca*, "quanto mais a Deusa for ignorada, mais severa será Sua máscara".

A Era de Peixes tem duração de aproximadamente 2.000 anos e compreende o atual Ciclo da Lua. A Era de Aquário começa por volta do ano 2.080, embora alguns digam que já começou. No entanto, é provável que cada Idade se sobreponha e se mescle à seguinte.

Acredito que as dores do parto da Era Aquariana já começaram. O tumulto e a insatisfação no mundo e o completo desrespeito pelas velhas ideias e dogmas parecem apontar para este caminho. Por outro lado, no entanto, surgem novas ideias e conceitos que expressam as características do signo de Aquário. Um dos maiores atributos é a liberdade da alma: ser "tão livre quanto o ar" é um bom sinônimo. Ela produzirá o "pensamento livre" e as qualidades mais espirituais e humanas do homem.

Parece claro que o renascimento da Arte dos Sábios é uma lufada de ar fresco; a primeira brisa leve que precede o vento de Aquário!

Em Busca dos Deuses Antigos da Grã-Bretanha

Parece muito estranho que em quase todos os países do mundo, com a única exceção da Grã-Bretanha, hajam cuidadosas evidências documentadas sobre as primeiras crenças e ensinamentos religiosos das pessoas. Ou, então, as tradições antigas foram dadas oralmente e transmitidas dessa maneira na forma de histórias e lendas do passado.

Exemplos notáveis são a Grécia e o Egito, que ainda hoje recebem extrema reverência e respeito. Há poucas dúvidas de que eles foram importantes centros de alta cultura e pensamento religioso. Não obstante, o argumento não é sobre o quão grande *eles* eram, mas porque se supõe que os antigos bretões eram selvagens analfabetos!

É incrível pensar que até os últimos anos essa ideia foi deliberadamente promovida e instilada nas mentes de nossos filhos, desde muito cedo. É inacreditável que ninguém questionou esse absurdo e que, se o tivessem feito, provavelmente teriam encontrado um olhar cínico ou um encolher de ombros. No entanto, essa ideia totalmente errônea foi promovida como oficial por centenas de anos.

O livro *The Guide to the English History* (*O Guia para a História Inglesa*), do Rev. Dr. Brewer, declara que os romanos introduziram vestimentas romanas, modos e leis aos selvagens nus (os bretões), embora antes da invasão romana, os comerciantes britânicos andassem pelas ruas de Roma e navegassem para os portos italianos com suas exportações de gado, prata, ferro, milho e estanho! O Abbé de Fontenu explicou que os fenícios haviam estabelecido uma rota comercial com a Grã-Bretanha antes de 1190 AEC, e o professor Boyd Dawkins escreveu sobre suas muitas tecnologias como a da fiação, da fabricação de vidro, da tecelagem, da cerâmica e de peças em bronze, além das mais admiráveis carpintarias.

Qualquer pessoa com uma percepção de senso comum deve perceber que a herança de uma nação não é descartada por seu povo. Eles são bastante ansiosos por relatar a história de seu país e geralmente têm muito orgulho em fazê-lo. Deve haver outra razão que sustentou a opinião de que os bretões antigos eram selvagens!

Quando uma nação é transformada em um estado totalitário, seja por conquista ou por qualquer outra ocorrência, seu povo perde sua independência de pensamento e ação. Em outras palavras, eles precisam se manter alinhados e seus padrões de comportamento são moldados aos desígnios de seus líderes.

Embora eles ainda exibam vários talentos e aptidões, estes são estritamente controlados pelo Estado. Qualquer gênio ou inteligência especial é usada para os propósitos do estado, e quaisquer benefícios dessas qualidades vão para a promoção do estado e não para os próprios indivíduos.

O povo da Grã-Bretanha adotou visões democráticas desde os primeiros tempos. Três de suas leis mais antigas incluia "proteção ao idoso, aos bebês e aos estrangeiros que não pudessem falar a língua britânica". Essas leis foram resgatadas no século atual, mas com tanta propaganda pró-romana e anti-britânica lançada com ferocidade contra essas ilhas por centenas de anos, não é de se admirar que seja uma tarefa extremamente difícil descobrir nossa herança religiosa.

O incêndio da grande biblioteca da Abadia de Bangor e as subsequentes perseguições aos Druidas e às Bruxas dificulta a obtenção de uma imagem verdadeira do passado. Muitas pessoas devem ter morrido sem transmitir suas crenças, embora se diga que nada está completamente perdido, mas armazenado no que Carl Gustav Jung chamou de "inconsciente coletivo" de uma raça ou das pessoas.

Winston Churchill foi, talvez, a única voz nos últimos anos a ser ouvida sobre o assunto. Em seu famoso discurso ao Congresso dos Estados Unidos durante a Segunda Guerra Mundial, ele declarou: "Ele deve ter uma alma realmente cega para não poder ver que algum Grande Propósito ou Projeto está sendo elaborado aqui embaixo, o qual temos a honra de sermos fiéis serviçais".

Foi Winston Churchill quem retirou a Pedra do Destino debaixo da Cadeira da Coroação na Abadia de Westminster e a levou a um local seguro durante a guerra. Diz-se que a Pedra é aquela em que Jacó deitou sua cabeça enquanto estava nas planícies da Luz. Em sua longa e sagrada história, ela foi levada para o Egito, Espanha, Irlanda e Escócia, de onde foi trazida para Londres por Edward I. Registra-se que sempre foi usada na coroação de reis e é considerada a relíquia mais venerável (veja *The Stone of Destiny* – A *Pedra do Destino* – de F. Wallace Connon).

Churchill também deu a ordem de que os corvos na Torre de Londres devessem ser cuidados e alimentados a todo custo, apesar da natureza aparentemente trivial de suas instruções, isso revela sua crença nas lendas do nosso passado. Dizem que quando os corvos abandonarem sua casa na Torre, isso pressagiará a queda de nossa Casa Real e de nosso país.

O corvo era o pássaro sagrado de Bran, o Abençoado, um dos antigos Deuses Reis da Grã-Bretanha. Sua visita à Irlanda para resgatar sua irmã, Branwen, terminou em sua morte. Mas, enquanto morria, ele disse a seus seguidores para cortar sua cabeça e levá-la de volta para a Ilha Branca e enterrá-la em Bryn Gwynn, ou Monte Branco, com o rosto voltado para o Leste. Enquanto permanecesse enterrada, não haveria invasão na Grã-Bretanha. Dizem que a relíquia foi desenterrada e, posteriormente, essa ilha foi assolada por muitos invasores. A Torre de Londres agora fica neste monte antigo, originalmente dedicado à Deusa Branca.

A lenda de Bran é uma das onze histórias celtas que compõem o *Mabinogion*, considerado uma obra-prima da literatura europeia medieval e que escapou dos olhos de águia dos invasores. Essas histórias foram traduzidas por Lady Charlotte Guest em 1906, uma segunda tradução apareceu na Biblioteca Everymans, em 1970. Evangeline Walton adaptou três das lendas da maneira mais fascinante em *The Island of the Mighty*, *The Children of Llyr* e *The Song of Rhiannon* (*Ilha dos Poderosos, Os Filhos de Llyr* e *Canção de Rhiannon*).

Algum tempo atrás, uma mensagem psíquica veio até mim. Sua principal implicação era que algo seria descoberto na Torre de Londres e também no Castelo de Windsor, que revelaria parte do nosso passado espiritual. Mais de um ano depois, um amigo me contou sobre um conhecido dele que estava consertando a Torre Branca, na Torre de Londres, após a explosão de uma bomba. Meu amigo foi informado de que havia sido descoberta uma sala secreta embaixo da Torre, que tinha um pentagrama ou estrela de cinco pontas em cada parede, o que parece indicar ser o ponto de encontro de uma sociedade oculta. O pentagrama é um símbolo mágico universal, mas também é usado por Bruxas! Poderia este local ter sido um antigo templo do Coven Real?

Até onde eu sei, não houve publicidade sobre essa descoberta notável. Talvez algum leitor possa lançar mais luz sobre esse quebra-cabeça intrigante no futuro.

Voltando aos celtas. Embora suas lendas contenham acontecimentos milagrosos semelhantes àqueles da Grécia e de outros lugares, os mitos celtas são muito mais selvagens e indomáveis. A mesma distinção pode ser vista em suas esculturas em pedra. Percebe-se que, quando as religiões e as formas de arte se tornam refinadas e estilizadas demais, elas perdem a força vital essencial que estava presente em sua concepção. As formas de arte celtas retratam a vida com muita força. Elas têm uma qualidade de energia viva diferente de qualquer outra.

Nos banhos romanos em Bath há uma bela escultura celta do Deus Lugh, que personifica o ardente e masculino Deus do Sol, com cabelos e barba espalhados ao redor dele como "labaredas de fogo". Toda a escultura é cercada por um círculo de folhas de carvalho e bolotas. A árvore de carvalho é o símbolo mais antigo deste Deus, conhecido pelo homem.

As autoridades do museu continuam a chamá-lo de "A Cabeça da Górgona", apesar das repetidas tentativas de várias pessoas para corrigir esse erro gritante. A maioria do público sabe que a Górgona é de origem Grega e que é um monstro *feminino*. Este é apenas um dos milhares de erros semelhantes relacionados às nossas crenças antigas.

O mesmo museu exibe uma escultura em pedra de três mulheres descritas como "de origem desconhecida". As Três Mães, ou Três Senhoras da Grã-Bretanha, é o conceito mais antigo da Trindade. A Deusa Tríplice tem três aspectos: a Donzela, a Mãe e a Anciã, que são representadas em forma material pelas Luas nova, cheia e minguante. Assim, ela também é a Deusa da Lua. Existem inúmeras estátuas triplas em museus em toda a Grã-Bretanha e todas elas são classificadas como: "Figuras de origem desconhecida".

Há também uma cabeça de bronze de Minerva no museu de Bath. A Deusa recebe centenas de nomes de acordo com a localidade, os romanos a conheceram como Minerva. A cabeça foi descoberta durante as escavações e datada de 1727. O altar romano de Sulis Minerva fica perto da principal nascente e fonte de água termal que sobe no King's Bath. Infelizmente, o altar é tampado e inacessível ao público em geral, mas o fato é que o local tem sido sagrado para a Deusa, seja qual for o nome dela, ao longo de milênios.

A construção de igrejas cristãs em localidades pagãs e sagradas é repetida em toda a Europa. A Catedral de São Paulo, em Londres, foi erguida em um templo mais antigo dedicado a Diana e, embaixo da Catedral de Notre Dame, em Paris, foi encontrado um altar para Cernunnos, o Deus Cornífero, que foi usado pelo menos até o século 17.

Michael Harrison, em *The Roots of Witchcraft* (*As Raízes da Bruxaria*), escreve sobre uma descoberta muito emocionante do professor Geoffrey Webb, após a Segunda Guerra Mundial. Parece que uma bomba deslocou uma enorme laje de pedra que cobria o altar em uma igreja antiga. Após a inspeção ele encontrou escondido dentro do altar um falo de pedra. O professor Webb descobriu que inspeções subsequentes em outras igrejas revelaram falos de pedra semelhantes escondidos dentro dos altares. A estimativa apresentada foi de noventa por cento!

O falo, como doador da vida, foi usado pelos seguidores da Antiga Religião como um símbolo do Deus. O *Lingam* (ou falo) ainda é usado até os dias de hoje na Índia, assim como a *Yoni*, que é um símbolo feminino, exatamente pela mesma razão. O mantenimento dos falos de pedra sob os altares cristãos mostra que eles eram considerados poderosos demais para serem descartados, por mais odiosos que parecessem ao novo sacerdócio.

A contraparte do falo ritual é uma pedra com um orifício, que simboliza a Grande Mãe. Muitas delas foram encontradas no antigo sítio arqueológico de Avebury, em Wiltshire. Elas representam a Vagina Sagrada, a fonte de toda a vida e o Portão do Renascimento. Uma extensão desse símbolo são as Sheila-na-Gig, nome geralmente traduzida como "Mãe do Deus", embora isso seja questionável. Essas gravuras retratam a Deusa agachada em posição de "dar à luz" e exibindo seus órgãos genitais. Representações podem ser vistas na Igreja de Santa Maria, Whittlesford,

Cambridgeshire, Oaksey Church, Cirencester e na Kilpeck Church, Herefordshire, embora sejam mais numerosas na Irlanda.

Devemos ver esses símbolos com os olhos de nossos ancestrais, para quem a palavra sexo não era suja, mas um ato sagrado e belo que os identificava com o Deus e a Deusa, os criadores do Universo. Caso contrário, estamos distorcendo a verdade das crenças e profanando seus objetos religiosos.

Descobrir nossa herança espiritual não é tarefa fácil. É apenas quando você se banha na água do *King's Bath*, em Bath, que consegue ler a inscrição na parede de pedra, por exemplo. Isso diz que Brutus, bisneto de Eneias de Troia, fundou Bladden, agora conhecida como a cidade de Bath.

Diz-se que Brutus, o príncipe Troiano, viajou para a Ilha de Albion, ou para as Ilhas Brancas dos Abençoados (como a Grã-Bretanha era então chamada, por volta de 1103 AEC). Sua chegada aqui também é comemorada pela Pedra de Brutus, em Totnes, Devon. Esta pedra está agora colocada no pavimento da *Fore Street* com a inscrição "Esta é a Pedra de Brutus"[4].

A história de Brutus e sua linhagem real é uma das mais românticas da nossa história e uma das menos conhecidas. A queda de Troia ocorreu em 1183 AEC, foi registrada por Eratóstenes de Alexandria e pode ser encontrada nas antigas crônicas britânicas por Gildus Albanius (século 5), Nennius (século 9) e pelo bispo Geoffrey de Monmouth (século 12).

Brutus nasceu e cresceu como cativo dos Gregos, mas ele se distinguiu tanto em várias batalhas que lhe foi dada a liberdade. Então, junto a um bando de compatriotas, ele partiu para descobrir seu destino. Veja a seguir um extrato encontrado da *Phoenician Origin of Britons, Scots, and Anglo-Saxons* (*Origem Fenícia dos Bretões, Escoceses e Anglo-Saxões*), do professor Waddell (traduzido do latim):

"Os ventos continuaram bons por dois dias e uma noite juntos, quando finalmente chegaram a uma determinada ilha chamada Leogecia, que antes havia sido devastada por piratas e, desde então, estava desabitada... era uma cidade desolada na qual encontraram um templo de Diana e nela uma estátua daquela Deusa, que dava respostas aos que vinham

---

4. N.R.: *This is Brutus Stone*, em inglês.

consultá-la... Brutus, segurando diante do altar da Deusa um recipiente consagrado cheio de vinho e o sangue de um veado branco, orou:

Deusa das Florestas, tremenda caçadora
Para os javalis da montanha e toda a raça selvagem
Ampla são as caminhadas etéreas que estendem o teu domínio,
E sobre as mansões infernais vazias do dia!
Olhe para nós na Terra! Revele o nosso destino,
E diga em que região é a nossa destinada sede?
Onde devemos subir os seus templos duradouros?
E coros de virgens celebram o teu louvor?

Depois de repetir essa oração, ele deu quatro voltas ao redor do altar, derramou o vinho no fogo e deitou-se na pele do cervo, que ele havia colocado diante do altar, onde adormeceu rapidamente. À noite, em seu sono profundo, a Deusa parecia aparecer diante dele e, assim, respondeu:

Brutus! Lá está além dos limites gálicos
Uma ilha que o mar ocidental circunda,
Por gigantes já possuída; agora poucos permanecem
Para barrar a tua entrada ou obstruir o teu reino.
Para alcançar aquela costa feliz, tuas velas empregam;
Ali o destino decretou criar uma segunda Troia,
E se encontra um império na tua linhagem real,
Que o tempo nunca destruirá, nem os limites confinarão.

Despertados pela visão, eles zarparam novamente. Segue-se uma longa série de aventuras até que Brutus finalmente chegou e navegou pelo rio Dart até Totnes. Este parece ser um porto famoso, pois foi usado por Sir Walter Raleigh e mais recentemente foi a locação da *Royal Yacht Britannia*."

As Crônicas nos dizem que Brutus viajou por toda a ilha em busca de um lugar para construir sua cidade. Quando ele chegou ao rio Tamisa, encontrou o local que procurava e, com o tempo, a cidade foi construída e ele a chamou de Nova Troia, que mais tarde passou a ser conhecida como "Trinovantum".

Eduardo, o Confessor, contribuiu com o apoio à lenda Brutus na forma de evidências documentais. Ele fala de Londres assim: "uma cidade fundada e construída à semelhança da Grande Troia".

Quando Lludd começou seu reinado em 72 AEC, ele emitiu um decreto ordenando que a cidade fosse renomeada como Llud-din, eventualmente corrompida em Ludd-don, ou Londres! Dizem que os locais de Londres e Wincobank Hill em Sheffield são dois dos mais antigos lugares na Europa continuamente habitada. Por isso é bastante viável argumentar que Brutus, embora tenha se instalado perto do Tamisa, juntou-se a uma colônia já estabelecida de pessoas que eram viajantes sazonais. Mesmo assim, no entanto, outro relato da vinda de Brutus é dado na sacristia da igreja de St. Peter-upon-Cornhill, em Londres. A passagem relevante de um longo pergaminho afirma que o rei Lúcio reinou nesta terra após Brute (Brutus). As Crônicas Britânicas fornecem uma lista completa dos primeiros reis da Grã-Bretanha – setenta e três, ao todo, juntando a elas as datas e a duração de seus reinos, cuja autenticidade não vejo razão para duvidar. O primeiro rei mencionado é Brutus, com a data de 1103 AEC.

O poeta Elisabetano Drayton fala da chegada de Brutus:

Ilha de Albion altamente abençoada.
Com gigantes ultimamente abastecidos...
De onde, do rebanho de Troia, aqueles pujantes reis deveriam se erguer
Cujas conquistas do Ocidente, o mundo deveria estar escasso.

Spenser, também, em *Faerie Queen* (*Rainha das Fadas*), refere-se a "nobres britânicos nascidos de arrojados troianos".

Pareceria perfeitamente natural que Brutus fosse levado a um país cujo povo, como ele, adorava a Deusa Diana. E a profecia que a Deusa lhe deu foi cumprida naquela Grã-Bretanha que, apesar de muitas invasões, continuou a apoiar todas as tentativas de mudar seus antigos valores de democracia e liberdade.

Nossos registros históricos foram empurrados para uma lixeira conveniente por mentes pró-romanas. Estudiosos alemães do século 18 declararam Brutus e seu local de nascimento, a cidade de Troia, como um mito. Eles até declararam que nunca houve uma cidade chamada Troia. Era um "sonho de poeta"! Isto, mesmo com a história do cerco e da destruição da cidade relatada na Ilíada de Homero. Devemos agradecer ao professor Schliemann, que restabeleceu a verdade da questão descobrindo as ruínas da antiga cidade de Troia, em Hisserlik, na Ásia Menor.

Existem muitos mistérios na Grã-Bretanha que datam de milhares de anos. Os labirintos cortados por turfa, conhecidos como "Muralhas de Troia" ou "Cidade de Troia", são outras indicações da colonização troiana. Os mais interessantes que restam para nós estão em Saffron Waldon, onde o labirinto mede 42 m por 30 m, enquanto seus caminhos têm cerca de 1,6 km de comprimento em Winton (monte sagrado), em Winchester e em Alkborough, Humber, conhecido como Julian's Bower.

Os padrões desses labirintos são idênticos aos vistos nas moedas antigas de Creta. A conhecida estátua cretense de uma sacerdotisa da Deusa segurando serpentes gêmeas no alto é bastante semelhante a uma escultura em pedra da Deusa Romano-Celta Verbeia, na igreja de Ilkley, em Yorkshire. Ela também tem serpentes gêmeas (embora geralmente descritas erroneamente como se fossem *juncos*) e usa um vestido em camadas da figura de Creta. Há também um altar para essa Deusa que já esteve perto das águas do rio Wharfe, na mesma cidade.

Embora ideias e métodos semelhantes ocorram no pensamento religioso que pode estar um continente à parte, não se deve supor que um seja copia do outro. O fenômeno chamado pelos ocultistas de Iluminação Divina é bem conhecido. Em certos momentos, desce um raio de sabedoria que envolve o globo inteiro e germina nas mentes subconscientes dos seres humanos, que, então, interpretam o raio de acordo com sua própria cultura sócio-religiosa. Partilhar da hóstia e do vinho simbólicos do corpo e do sangue de Cristo é análogo aos antigos Mistérios Gregos, onde o pão era consumido para estar "em harmonia" com Deméter, a Mãe da Terra, e o vinho era bebido para que o espírito de Dionísio entrasse no devoto. Existem muitas semelhanças em todo o mundo e em todos os níveis do pensamento religioso.

Em 7 de junho de 1976, uma estátua de uma Deusa de pedra, de 30 centímetros, foi descoberta entre algumas pedras no jardim de uma casa em Castleton, em Derbyshire. Essa pedra foi identificada por um especialista da Universidade de Manchester como um "ídolo", ligado a uma antiga religião de Mam Tor (Mãe Montanha), datada de cerca de 2.500 anos. Ela foi descrita como a Deusa "com uma piscadela sensual", pois um olho dela é maior que o outro. Logo depois que a estátua foi encontrada, colocaram-na em uma igreja local, onde, no dia da cerimônia anual da guirlanda, eu pude vê-la.

As origens do Dia da Guirlanda em Castleton estão ocultas na pré-história, mas é uma forma sobrevivente de honra ao "Homem Verde" (*Green Man*), que representa as forças masculinas por trás da natureza que se manifestam no crescimento de toda a vegetação. Este é outro aspecto do Deus Cornífero, também conhecido como Jack Verde (*Green Jack*). Assim como a Deusa, ele tem muitos nomes de acordo com a localidade.

O homem que carrega a guirlanda sobre os ombros é chamado de rei e vai à frente da procissão a caminho da vila. A Donzela vai atrás dele e eles são seguidos pela banda local, que precede um grupo de dançarinas, alunas da vila, vestidas de branco e carregando ramalhetes de flores e serpentinas coloridas.

Nos tempos antigos, a "Donzela" era um homem vestido com roupas de mulher, um costume frequentemente visto em festivais folclóricos em toda a Grã-Bretanha, sem mencionar a tradicional Dama (ou Senhora) na pantomima. A razão por trás dessa personificação vem de antigamente e é uma "representação" do fato de que a Divindade é ao mesmo tempo masculina e feminina.

A guirlanda, por si só, é uma bela obra de arte feita de todos os tipos de flores que são amarradas em fileiras em uma estrutura em forma de sino. Um ramo de flores cônico separado é colocado no topo da guirlanda e é conhecido como a "rainha". Toda a pirâmide de flores tem cerca de um metro e meio de altura e pesa quarenta e cinco quilos. O rei fica completamente escondido dentro dela, o peso sendo sustentado por tiras de couro fortes que caem sobre seus ombros.

O ramalhete da "rainha" é retirado durante a procissão até a igreja e guardado até o final da cerimônia, quando o rei o coloca no Memorial de Guerra da vila e o "Último Posto" é tocado.

A torre da igreja é decorada com ramos de carvalho fixados em todos os pináculos, exceto um. Os dois cavaleiros entram no pátio da igreja sozinhos e seguem para a torre, onde uma corda é solta e a guirlanda é levantada e colocada sobre o pináculo restante e lá ficará até suas flores murcharem.

Certamente este último ato é de consumação: a "guirlanda feminina" uniu-se com o pináculo ereto! E agora, com a recuperação da estátua da Deusa, ela toma seu lugar ao lado de seu consorte, o Homem Verde, em uma vila que continua a celebrar o retorno da vida à Terra.

Esta é apenas uma dentre as milhares de cerimônias similares perpetuadas em todo o País. A maioria delas celebra a mesma coisa, a comemoração das forças da vida – a Antiga Providência, às vezes cristianizada, às vezes em sua forma original como a Grande Deusa e Seu Consorte, o Deus Cornífero, a mais antiga das divindades da Grã-Bretanha.

Gerald Brosseau Gardner

Muitas pessoas afirmam que a Bruxaria moderna não tem conexão com o passado. Eles postulam, erroneamente, que isso só surgiu devido ao interesse quanto aos escritos e as atividades do falecido Gerald Brosseau Gardner. É fato que Gerald foi sim pioneiro no grande reavivamento da Arte, trazendo-a de volta aos olhos do público, mas como um *iniciado* e membro do Coven de New Forest.

Houve, há e sempre haverá Bruxas. Falando pelo lado pessoal, tenho cartas e contatos que provam que a religião da Bruxaria teve uma continuidade que superou os tempos de perseguição, e que ela foi praticada em segredo até o presente século.

Um desses contatos, descendente de uma família de Bruxas em Inverness, havia visitado Gerald Gardner na Ilha de Man antes de me escrever. Embora eles não tivessem o mesmo olhar sobre muitos aspectos da Arte, essa pessoa o considerava como sendo "do sangue".

Existem muitas centenas de casos semelhantes de famílias de Bruxas no Reino Unido e em outros lugares. Elas transmitiram os segredos de geração em geração, o conhecimento *não* foi perdido.

Considero que Gerald, que fez grande parte do trabalho de difundir e trazer um novo reconhecimento à Bruxaria, merece um capítulo de um livro dedicado ao assunto. Fomos apresentados por meu falecido marido, Arnold Crowther, que, aliás, foi quem apresentou Gardner ao falecido Aleister Crowley, em 1946. Crowley ficou muito satisfeito ao ver Arnold e Gerald e disse acreditar que as pessoas não estavam mais interessadas em Magia.

Como ele estava errado!

Especialmente tendo em vista o fato de que seus trabalhos brilhantes e prolíficos sobre as artes mágicas estão em constante demanda até os dias atuais.

Meu marido já conhecia G.B.G. (como Gerald era chamado por seus amigos), por cerca de quinze anos antes de nos conhecermos em 1956, em um show de verão no Píer Casino, em Shanklin, na Ilha de Wight. Com o passar do tempo, sabendo do meu profundo interesse pela Antiga Religião, ele escreveu para Gerald, em seu Museu de Bruxaria em Castletown, na Ilha de Man.

Arnold recebeu uma resposta nos convidando para a ilha. Quando chegamos, a governanta nos disse que o Dr. Gardner estava muito doente e não podia ver ninguém. "Deixe que eles subam", chamou uma voz lá de dentro. Subimos as escadas silenciosamente e entramos no quarto dele. Gerald estava apoiado na cama com enormes travesseiros. "Entre, entre, é ótimo vê-los". Ele estendeu os braços para nós, radiante. Olhei para um par de olhos azuis hipnotizantes e senti o aperto quente de suas mãos nas minhas. "Querida, sente-se". Seus cabelos brancos se erguiam em provocação à escova ou ao pente, um fato que aprendi mais tarde. Uma barba pequena, cavanhaque e uma pele abatida pelo tempo completavam o quadro.

Ele disse a Arnold e a mim que a governanta queria nosso endereço, a fim de adiar nossa visita, mas fingiu que não conseguiu encontrá-lo. Eu estava bastante preocupada com a condição dele, mas Gardner me garantiu que agora que Arnold havia chegado, logo se recuperaria. Ele nos disse que estava muito doente em um hospital em Londres, alguns anos antes, e quando Arnold o visitou, ele riu tanto que quando a visita terminou já se sentia muito melhor. Com certeza, dois dias depois, Gerald estava de pé e zanzando pela casa. Não conheci sua adorável esposa, Donna, porque ela havia falecido um ano antes.

Esse primeiro encontro me impressionou profundamente. Posso dizer honestamente que nunca havia conhecido alguém assim antes. Havia gentileza nele. Sua voz era suave, olhos brilhantes e bem-humorados. Ele adorava uma boa piada e queria rir com vontade, batendo o punho e dizendo: "Muito bom!" Ele gostava da vida, apesar da fragilidade em sua saúde e a asma como sua companheira constante desde a tenra juventude. Um geminiano típico, com seu ar de inquietação, interesse em escrever, ler, viajar e cuidar de seu Museu de Bruxaria. A aparência dele também era geminiana: alto, com braços e pernas compridos e mãos habilidosas. Seu hobby de estimação era fazer todos os tipos de joias de metal e de ferramentas mágicas. Ele também era um bom artista e eu sou dona de três de suas pinturas, que agora estão penduradas no meu *covenstead*[5].

Seus dedos estavam sempre empurrando seus grossos cabelos brancos ou puxando sua barba. Adicionado à sua inteligência notável havia "algo" intangível que, para mim, estava ligado diretamente à reencarnação. Gerald, assim como Arnold, podia ser visto como uma alma "antiga"; alguém que viveu muitas vidas na Terra. Isso foi comprovado pelo próprio Gardner quando nos contou sobre um incidente ocorrido em Creta. Isso foi precedido por uma sucessão de sonhos curiosos que pareciam estar relacionados com uma vida anterior. Neles, Gardner tinha sido encarregado de construir um enorme muro para impedir invasores. Era um país quente e ele "lembrou" de reunir todos os tipos de panelas e chaleiras de bronze para transformá-las em lanças e outras armas. Isso é estranho, pois nesta vida ele havia estudado profundamente as *Keris Malaias*,[6] enquanto trabalhava para o governo britânico no Extremo Oriente, tendo escrito um livro sobre o assunto, *Keris and other Malay Weapons* (*Keris e Outras Armas Malaias*). Gerald tinha uma maravilhosa coleção de adagas e espadas de todas as partes do mundo.

No dia anterior de sua viagem para Chipre, em 1938, Gardner teve um sonho bem diferente, no qual havia um homem que achava que ele não era bem-vindo em sua casa, então ele se retirou para o passado, com aparente facilidade – onde *era* necessário.

---

5. N.R.: espaço, cômodo ou sala onde o Coven se reúne e que serve de templo para a realização dos rituais.

6. N.R.: tipo de faca ritual malaia.

Chegando em Nicósia, ele ligou para o museu e conversou com o Curador, que, sabendo do interesse do GBG em armas, perguntou se ele sabia como os Cipriotas antigos usavam suas espadas. O Curador entregou a Gerald uma pesada lâmina de bronze e contou sobre os muitos especialistas que tentaram, sem sucesso, resolver o quebra-cabeça. Gerald perguntou se ele poderia levar a lâmina e os vários fragmentos com ele e pensar no problema. O Curador concordou e desejou-lhe boa sorte. Mas no dia seguinte ele teve um choque, pois Gerald lhe entregou a espada completa! As autoridades do museu queriam saber como ele havia feito isso e Gerald disse que havia desistido da abordagem analítica e, de repente, suas mãos pareciam saber como fazê-lo. Eles tentaram fragmentar a espada em pedaços novamente, mas não conseguiram. Na verdade, eles tiveram que pegar um machado para dividi-la! Mais tarde, Gerald fez empunhaduras semelhantes para o Museu Britânico. Estaria ele usando as habilidades de uma vida anterior, de quando era um fabricante de espadas em Chipre?

Essa aventura não foi a única que ele experimentou naquele país. Em seu retorno, no ano seguinte, ele deveria reconhecer lugares até então vistos apenas em sonhos. Um deles estava em Kyreni, na foz de um rio chamado Stronglos. Ele achou o local muito alterado, com o rio assoreado. No entanto, ele sabia que ali navios foram mantidos centenas de anos antes. Ele se lembrou e acabou comprando aquele pedaço de terra em particular.[7]

Outra coisa estranha na vida de Gerald era como algo de grande importância sempre acontecia com ele a cada nove anos. Ele rastreara isso desde a infância, mas os acontecimentos posteriores incluíram conhecer sua esposa, abrir seu museu de Bruxaria e ser apresentado ao Palácio de Buckingham.

Ele confidenciou a mim e a Arnold, em 1963, que o ano seguinte seria outro ano *nove* e acrescentou: "Suponho que vou embora daqui, pois não consigo pensar em outra coisa importante que possa acontecer comigo". Fiel à sua própria previsão, ele faleceu em 12 de fevereiro de 1964, aos oitenta anos, na véspera do antigo festival pagão da Lupercalia!

---

7. Veja essa fascinante história de vida em: *Gerald Gardner: Witch* (*Gerald Gardner: Bruxo*), de Jack L. Bracelin.

Parece que o ciclo misterioso ainda está em vigor, pois, embora GBG não esteja mais conosco, em 1973, *nove anos* após sua morte seu Museu de Magia e Bruxaria foi vendido e o conteúdo enviado para a América!

Meu falecido marido e eu fomos os últimos membros da Arte a ver Gerald. Nós o levamos de carro através dos Pennines de Sheffield até o *Manchester Ship Canal*, onde ele embarcou em um navio de carga para sua longa viagem ao Líbano e ao clima ensolarado. Estava chovendo quando nós o ajudamos com sua bagagem nos degraus íngremes de ferro do navio. Lágrimas se misturaram com as gotas de chuva em meu rosto, enquanto acenávamos um adeus. Fiquei muito chateada por ele viajar para tão longe em um navio que não tinha médico a bordo, pois ele não estava nada bem. Não via motivo para uma jornada tão longa, quando ele poderia ter voado para um clima mais quente e muito mais rapidamente.

Gerald, no entanto, às vezes podia ser muito obstinado e ninguém conseguia dissuadi-lo. É triste dizer que foi sua última viagem. Gardner sofreu um leve derrame e morreu a bordo do Scottish Prince a caminho de casa para a Inglaterra. Uma semana antes, um clarividente havia me dito que um velho amigo meu morreria muito em breve.

Devo expressar minha profunda gratidão a Gerald Gardner por me iniciar nesta vida nos Mistérios Profundos e por dar a Arnold e a mim o benefício de seu considerável conhecimento acerca da Bruxaria.

Eu também tive a honra de ser coroada por ele "Rainha do Sabbat", um antigo título francês da Donzela ou Alta Sacerdotisa, quando ela era conhecida como *La Reine du Sabbat* (A Rainha do Sabbat).

Gerald foi iniciado por um grupo Bruxos hereditários, em New Forest, alguns deles conhecidos por mim. Mas eles acreditavam, como a maioria dos pagãos, em reencarnação, e acreditavam que Gerald havia pertencido à Arte em uma vida anterior. De fato, seu padrinho disse-lhe: "Você é do sangue; você era um de nós antes; volte para nós".

Foi como membro desse clã que Gerald participou da "Operação Cone do Poder". O ano era 1940 e Hitler estava ocupado planejando a invasão da Grã-Bretanha. A "Operação Sea-Lion", como era chamada, deveria entrar em vigor no final de agosto ou em setembro.

Na véspera de Lammas, muitos Covens se reuniram em New Forest para combater Hitler em nível psíquico. Os seguintes detalhes dessa cerimônia extraordinária são citados no livro *Gerald Gardner: Witch*, (*Gerald Gardner: Bruxo*) de Jack Bracelin:

Fomos levados à noite para um lugar na Floresta, onde o Grande Círculo foi erguido e foi feito o que não pode ser feito, exceto em grande emergência. E o grande Cone de Poder foi elevado e lentamente dirigido na direção de Hitler. O comando foi dado: "Você não pode atravessar o mar, você não pode atravessar o mar. Você não pode vir: você não pode vir!" Assim como, fomos informados, foi feito com Napoleão quando ele tinha seu exército pronto para invadir a Inglaterra e nunca conseguiu. E, como foi feito à Armada Espanhola, forças poderosas foram usadas, das quais não posso falar. Fazer isso significa usar a força da vida, e muitos de nós morreram alguns dias depois disso. Minha asma, que nunca mais tive desde que fui para o Leste, voltou pior. Repetimos o ritual quatro vezes e os Anciões disseram: "Sentimos que o paramos. Não devemos sacrificar muitos do nosso povo. Mantenha-os até precisarmos deles".

Se você acredita na eficácia desse ritual ou não, fato é que os planos de invasão foram adiados e Hitler voltou sua atenção para a Rússia!

Gerald me iniciou e eu iniciei meu marido. É assim que a Arte é transmitida – de homem para mulher e de mulher para homem. Muitos dos segredos são comunicados oralmente e nunca são colocados em papel. Eles são dados da boca ao ouvido e de nenhuma outra maneira. Assim, embora a chamada cerimônia de "Iniciação" tenha sido revelada em muitos livros de ocultismo, os importantes segredos mágicos não foram degradados dessa maneira.

Para uma investigação completa das supostas acusações sobre a autenticidade de Gerald como um iniciado da Arte, consulte *Witchcraft for Tomorrow* (*Bruxaria para o Amanhã*) de Doreen Valiente.

Retornando um pouco para minha amiga Bruxa, em Inverness, originalmente ela me viu na televisão enquanto estava em Durham e considerou que eu era digna de receber a tradição que a avó lhe dera. Quando comparei os ritos que ela me enviou com os de Gerald Gardner, achei tudo muito parecido, embora não idênticos. É assim que deve ser, pois Covens diferentes têm métodos diferentes, mas os fundamentos básicos como os instrumentos de trabalho, os oito caminhos para o centro e a adoração ao Deus e à Deusa são sempre os mesmos.

Minha amiga me enviou seu athame (faca de cabo preto), que pertenceu à avó dela, e também uma pedra de formato peculiar, que adornava o altar. Parece que sua mãe não estava interessada em Bruxaria, então minha amiga foi iniciada em sua juventude por sua avó, que por sua vez foi trazida à Arte por seus próprios pais. De fato, sua avó havia sido concebida no próprio Círculo. Isso a tornaria uma Bruxa muito forte e poderosa. E, de acordo com minha amiga, a avó dela certamente fora uma.

Foto de Gerald Gardner presenteada por ele à autora.
Está assinada atrás: "Seu eterno, G.B. Gardner – Scire"

Na época em que ela me escreveu, essa senhora estava morando com os sogros católicos e logo iria para a Espanha com eles, para morar por lá, pois era totalmente dependente deles devido à sua doença. Ela me disse que havia destruído seu Livro das Sombras por eles serem pessoas questionadoras, mas sabia que tinha que passar seu conhecimento a uma pessoa adequada antes de embarcar em uma jornada da qual sabia que não voltaria. A crença de que uma Bruxa deve transmitir seu conhecimento à outra Bruxa antes de deixar este plano é uma ideia muito antiga. Houve muitos casos de Bruxas incapazes de morrer até que essa condição fosse cumprida.

A opinião dessa sábia senhora sobre Gerald Gardner não pode ser descartada, tendo em vista a genuína tradição que herdou. É uma pena que eu não possa citar o nome dela, mas devo cumprir a promessa que lhe fiz e a confiança sagrada que ela depositou em mim. Como já afirmei, ela achava que Gerald era "do sangue", mas que ele evidentemente havia alterado alguns aspectos dos rituais para torná-los mais "respeitáveis" aos olhos das pessoas modernas e "civilizadas". Ela declarou que isso não era aceitável no culto aos Deuses Antigos, onde coisas como prudência e falsa modéstia não tinham lugar.

No entanto, essa crítica está muito longe das acusações feitas por mentes menos instruídas contra Gardner nos últimos anos. De modo geral, acredito que eles resultem de ciúmes ou inveja, pois a maioria das pessoas que fizeram os ataques a seu caráter nunca o conheceu! O fato de Gerald ter deixado uma fortuna considerável, somando-se a isso propriedades que incluíam o museu na Ilha de Man, foi o suficiente para começar os rumores.

Muitos escritores informaram ao público que ele ganhara dinheiro com Bruxaria. A verdade é que os pais de Gardner foram empresários e prósperos. Seu pai, William Robert Gardner, era da família de Joseph Gardner & Sons Ltda, de Liverpool e Londres, que era a mais antiga empresa privada no comércio de madeira do Império. Negociando com todas as partes do mundo, entre 1748 e 1948, eles faziam parte das primeiras famílias residentes de Liverpool, indo até Thomas Gardner, que foi um dos principais burgueses e que morreu em 1604.

Alguns dos ancestrais de Gerald se tornaram prefeitos de Liverpool e um deles, Alan Gardner, que ingressou na Marinha Real em 1755, aos 13 anos, chegou a comandar seu próprio navio antes dos 25 anos. Ele lutou nas Índias Ocidentais sob Rowe e Rodney e mais tarde se tornou um Vice-Almirante. Suas realizações se estenderam até que se tornou membro do Parlamento e depois um nobre, o Barão Gardner, de Uttoxeter. Em 1807, ele era Comandante Supremo da frota de canais, o que ajudou muito a impedir a invasão de Napoleão.

Pode-se ver com esses fatos que Gerald era independente financeiramente. De fato, ele gastou uma pequena fortuna em reunir sua vasta coleção de relíquias de Bruxaria e apetrechos de magia, sem mencionar sua maravilhosa seleção de espadas e punhais. O único dinheiro que ele ganhou ligado à Bruxaria veio de seus livros – um direito de qualquer autor.

No geral, Gerald era um personagem com muitas cores, gentil e com uma grande curiosidade sobre as pessoas. É claro que todo mundo tem falhas e Gardner não foi exceção, mas em muitos níveis eu ainda não encontrei outra pessoa igual a ele.

Uma coisa é certa. Muitas pessoas encontraram seu caminho para a felicidade e a alegria no secular culto dos Deuses Antigos. Eles tomaram consciência das capacidades psíquicas latentes em si e nos outros. Uma vez mais, eles seguem os caminhos de seus antepassados e sabem que seu destino espiritual está nas estrelas.

A verdade é que isso se deve em grande parte a Gerald Gardner: o Arauto Mercurial da Antiga Religião. E só por isso suas ações já são completamente justificáveis.

Gerald Gardner em meados da década de 1960.

Iniciação

Para se tornar uma Bruxa, você deve ter uma inclinação natural em adorar os Deuses Antigos. Deve ser um sentimento que brota do coração e leva você em direção ao seu objetivo, exatamente do mesmo jeito que aconteceu com as primeiras Bruxas milhares de anos atrás.

A abordagem deve ser dessa maneira. Qualquer outra atitude, como uma mera curiosidade, desejo de poder sobre os outros ou a intenção egoísta de usar a magia para obter fins materiais terminará apenas em fracasso e desilusão.

Os Deuses Antigos são imagens remotas arquetípicas dos poderes divinos por trás de toda a Natureza. Eles são os Deuses mais antigos conhecidos pelo homem. Imagens deles estão pintadas nas profundezas escuras das cavernas de toda a Europa e mostram a grande influência que tiveram, mesmo no alvorecer dos tempos.

Só porque são antigos não há razão alguma para acreditar que estejam "desatualizados". Nossos ancestrais não eram tolos: seu modo de vida e sua cultura estão ganhando cada vez mais respeito à medida que os anos passam. Descobertas contínuas sobre suas habilidades e crenças trazem crescente admiração e espanto.

Suas divindades eram uma Deusa Mãe e um Deus de Chifres, representando as forças gêmeas da vida: homem e mulher, luz e trevas, positivo e negativo, Sol e Lua, etc. Esses aspectos complementares da natureza são fatos e não podem ser contestados. Como os Deuses são verdadeiras representações dos poderes divinos por trás de toda manifestação, eles existiram por milênios e sempre existirão.

Ao contrário de muitas outras religiões, nas quais o contato com a divindade é buscado por meio da oração e da meditação, a Bruxaria ensina o desenvolvimento da alma valendo-se dos Oito Caminhos da Roda das Bruxas. Esses caminhos fazem parte da Tradição Ocidental de Mistérios. O Ocidente e o Oriente são dois lugares muito diferentes. As religiões Orientais ensinam seus seguidores a procurar a iluminação interior e, embora o Ocidente use o método da meditação, ele é apenas um dos Oito Caminhos. A mente ocidental olha para fora e busca a graça espiritual ajudando os outros. Assim, as Bruxas usam seus poderes para ajudar aqueles com doenças ou problemas.

O despertar pode começar como um desejo que se eleva das profundezas da alma. Um estado de tédio ou desespero, pelo qual todo ser humano passa em algum momento da encarnação, podendo se tornar um farol para o espírito.

É um nascer para a alma que luta e para os complacentes. Muitas vidas podem sofrer antes que se perceba que o verdadeiro eu deve tomar a iniciativa e começar a sair do Ciclo da Encarnação, que, sem o controle do Eu Superior, pode continuar indefinidamente. Uma vez que a realização nasce e a busca se inicia, a alma passa a trilhar o caminho da humanidade para a divindade.

Em relação à Arte, é prudente buscar a iniciação em um Coven *genuíno*. Isso não é tão fácil quanto parece, pois os verdadeiros adeptos não buscam converter e, portanto, não fazem propaganda para os membros. Eles acreditam que, se uma pessoa é sincera e determinada suficientemente em seu desejo de pertencer à Arte, mais cedo ou mais tarde ela fará contato.

Existem, no entanto, várias maneiras de acelerar um pouco as coisas, como escrever para uma das revistas locais de ocultismo, que geralmente são operadas por pessoas "com o conhecimento". Ou até mesmo colocar um pequeno anúncio em um desses impressos. Você também pode escrever para o autor de um livro sobre o assunto ou enviar uma carta aos seus editores. Talvez você seja encaminhado para um Coven em sua área, embora eu deva acrescentar aqui que, mesmo que isso aconteça, não será um indicativo de ter sua entrada garantida.

Há certas condições que precisam ser cumpridas, como se adequar às personalidades dos membros, ter lido amplamente sobre o assunto, ter disposição de se submeter a um período de espera de geralmente um ano e um dia, entre outras. No entanto, essas condições são válidas. Se você não está disposto a esperar ser aceito, saiba que as Bruxas que conhece passaram por obstáculos semelhantes.

As Bruxas são cautelosas, especialmente no que diz respeito a estranhos. Afinal, ninguém admitiria um estranho em sua casa sem uma introdução, imagina no templo dos Mistérios.

Também é preciso ter cuidado em encontrar um Coven que esteja em estreita harmonia com seu próprio estilo de vida, cultura e caráter. Mas uma vez que o contato é feito, há esperança em encontrar um grupo onde as condições, de ambos os lados, possam ser cumpridas.

Embora alguns Covens se vistam com mantos, a maneira tradicional de trabalhar no Círculo é "vestido de céu" ou seja, nu. Quando você é trazido para a Arte, entra como nasceu, sem roupas ou vestimentas de qualquer tipo. A primeira iniciação é virtualmente uma introdução a um novo modo de vida. Você se torna uma "Criança da Deusa". São mostradas para o iniciante as ferramentas a serem usadas, as maneiras de como praticar magia e um juramento é feito para guardar os segredos da Arte. Isso é chamado de Primeiro Grau.

O Segundo Grau é a iniciação propriamente dita, envolvendo o conceito de morte e renascimento simbólicos, é quando você renasce com novos conhecimentos e uma nova personalidade mágica. Um novo nome (de sua própria escolha) lhe é dado, representando a transformação pela qual passou e com o qual será conhecido quando estiver no Círculo a partir de agora,

O drama desse ritual de mistérios implementa firmemente as suas ideias na mente subconsciente do adepto. O mistério que é representado no plano material estabelece o futuro.

Não se deve supor que, por meio da iniciação e do aprendizado você estará automaticamente "renascido". Será mostrado um caminho e o conhecimento lhe será transmitido, mas a jornada será sempre solitária e a verdadeira vontade é testada ao máximo.

Em certo sentido, quando a iniciação acontece, o que ocorre é muito parecido com a ousadia de desafiar o destino a fazer o seu pior. A pessoa estabelece sua posição: "anuncio para toda a criação que suportarei o progresso".

Na Bruxaria, a alma desenvolve uma compreensão mais profunda do *ser*. Isso implica prática e é por isso que a Arte tem graus de progresso. O grau mais alto é a consumação dos mistérios, no qual o ritual atinge ao que é chamado de "O Segredo da Roda Prateada".

Há também a transmissão de certas palavras "secretas" às quais, por si só, transmitem muito pouco. Mas sua intenção sigilosa é importante e gentilmente "empurra" o aspirante a seguir em frente.

O símbolo da Arte é o pentagrama ou estrela de cinco pontas. De origem muito antiga e usado na maioria das sociedades esotéricas, o pentagrama é uma forma geométrica perfeita que contém muitos significados. Sobretudo, as cinco pontas representam os Quatro Elementos (Terra, Água, Ar e Fogo), mais o Espírito (a mente dominando a matéria) e também os cinco planetas principais: Saturno, Júpiter, Marte, Vênus e Mercúrio. Um triângulo apontando para cima, no topo do pentagrama, é peculiar à Arte. Simboliza o Sol e a Lua (homem e mulher), as forças gêmeas da vida, com a Divindade como o ponto mais alto de onde tudo procede. Este é o objetivo do iniciado: ser um ser totalmente individualizado, que domina os elementos da Natureza e do interior de si mesmo e que se tornou uma Estrela do Microcosmo em contato com o Macrocosmo.

Agora será entendido que o veículo físico é a casa da alma, e é nessa estrutura única que a verdadeira iniciação é encenada. A alma entra no corpo para passar pela experiência da vida terrestre, e quando volta ao Portal dos Mistérios, ela acorda, e a consciência é inundada com lembranças do passado e o conhecimento de seu destino real.

Nem todos os ensinamentos da Arte podem ser divulgados aqui: a verdadeira razão do sigilo reside no conceito da palavra *mistério*. Pois esta palavra sugere à mente algo "fora do comum", algo que é desconhecido e, portanto, fascinante. Isso, por sua vez, desperta a mente para a ideia de experiências estranhas e a prepara para uma nova compreensão.

O objetivo do ritual é induzir o estado de arrebatamento ou êxtase. A mudança do centro da consciência é o objetivo. Esse êxtase não é o mesmo que a realização sexual. É um elemento do espírito e não é fácil de explicar em palavras. Há muitas maneiras pelas quais essa condição pode ser capturada, como no uso de músicas, danças e a entoação de chamados ou cânticos, que serão examinados em capítulos posteriores.

É muito necessário cultivar ou despertar o espírito da juventude, ter uma abordagem infantil, mas não imatura, a esses métodos, porque sem isso qualquer progresso (além do intelectual) será quase impossível de se alcançar.

A Igreja cristã sempre desaprovou e reprimiu deliberadamente essas expressões fundamentais de alegria que são consideradas indignas, indecorosas, etc. Houve uma restrição ao espírito do homem pelas piores razões possíveis. A única existência da qual ele agora está ciente é a da vida comum e mundana. É uma coisa muito necessária para as pessoas se libertarem da força do hábito. É por isso que uma mudança de cenário e ocupação é vital.

O desespero deu ao desvario moderno das drogas certo reconhecimento que elas não merecem. Pode-se argumentar que algumas drogas elevam a consciência a um nível mais espiritual. No entanto, é uma estimulação artificial que requer indução repetida. Isso, por sua vez, leva naturalmente a um estágio em que a pessoa se sente bem e verdadeiramente "viciada". É verdade que, nos tempos antigos, certas drogas eram usadas para fins transcendentais, mas elas eram mantidas em segredo e seus usos dados apenas aos mais sábios do sacerdócio.

A maioria dos medicamentos é venenosa e deve ser administrada na quantidade correta e apenas por um período específico. Imagine quão perigoso é o uso de drogas que afetam as células cerebrais! Ainda sabemos muito pouco sobre o cérebro e suas capacidades, que somente agora, atualmente, estão sendo exploradas.

Os métodos ensinados na Antiga Religião são completamente naturais e a extensão resultante da consciência, embora alcançada mais lentamente, é aquela que permite a continuação do crescimento e da iluminação.

Não há mais nenhuma lei que o proíba de se tornar um pagão se esse for o seu desejo. A Declaração Universal dos Direitos Humanos, à qual a Grã-Bretanha acrescentou sua assinatura, oferece essa liberdade de escolha. Conforme publicado pelas Nações Unidas, o Artigo nº 18 afirma: "Todo mundo tem direito à liberdade de pensamento, consciência e religião; esse direito inclui a liberdade de mudar de religião ou de crença, e a liberdade, seja sozinho, seja em público, seja em privado, de manifestar sua religião ou crença no ensino, na prática, no culto e na observância".

Embora pertencer a um grupo genuíno seja obviamente vantajoso, não há nada que o impeça de praticar por conta própria ou com seu parceiro. As Bruxas que são membros de um Coven sempre têm um local de culto em seus próprios lares. Isso é essencial, pois não se desliga seu comprometimento ao final de uma reunião. Faz parte da sua vida o que você está fazendo onde quer que esteja. Isso também é útil durante o período de busca de um Coven adequado. Você pode direcionar seu pensamento e orar para ser guiado na direção certa.

Pode ser que você não seja livre para participar de um Coven por qualquer motivo. Neste caso, precisará conhecer o básico necessário. Portanto, vou explicar como formar um Círculo Mágico, quais ferramentas serão necessárias e os atributos dos Quatro Elementos.

Formando o Círculo

O Círculo pode ser feito de várias maneiras, desde que ele tenha nove pés (2.75 m) de diâmetro. Nove é o número da Lua e o Círculo é um símbolo do Ventre da Deusa. Pode ser desenhado com giz em um tapete especial, usado apenas para os rituais, ou marcado com cordão branco, talvez o método mais conveniente. Depois de ter o comprimento correto, ele pode ser marcado em qualquer lugar. Isso também pode ser conseguido com um cordão de um pé e meio (1.38 m) de cumprimento, no qual um laço é feito em uma das extremidades. Antigamente, a Bruxa colocava o laço em volta de seu athame (faca mágica) e a cravava no chão. Então, prendendo um pedaço de giz do outro lado, ela traçava o círculo no chão, começando no Leste e trabalhando em "deosil", ou seja, no sentido horário, circulando a área até chegar novamente ao Leste, o que dá ao círculo as dimensões adequadas.

É necessário ter uma bússola para verificar os alinhamentos corretamente, pois o altar deve sempre estar voltado para o Norte. Este é considerado o lugar certo, porque as correntes magnéticas fluem do Norte para o Sul. As Bruxas da antiguidade diziam que o Norte era o Lar dos Deuses. Elas provavelmente sentiram essas correntes, mas tinham uma maneira diferente de expressar a mesma coisa.

Ao contrário do Círculo Ritual do Mago, que existe para manter as forças elementais e hostis afastadas, o Círculo das Bruxas é erguido para conter o poder mágico gerado dentro dele. Trata-se de um lugar sagrado, que fica "entre os mundos" tanto espiritual quanto material.

O Círculo também é um símbolo do infinito – sem começo nem fim.

Seu altar pode ser uma pequena mesa ou um baú. Neste último caso, seu equipamento mágico pode ser mantido dentro dele, mas lembre-se de retirar tudo o que precisa antes de usá-lo como altar, caso contrário, corre o risco de ter de remover tudo o que está sobre ele para pegar algo que esqueceu antes de começar.

Você precisará de cinco ou seis castiçais. Um ou dois para o altar e quatro para os Portais do Círculo: Leste, Sul, Oeste e Norte. Estes últimos são colocados fora da circunferência, criando um cosmos em miniatura no qual você é o governante.

Estátuas ou figuras do Deus e da Deusa podem ser colocadas sobre o altar ou, alternativamente, símbolos como uma pedra furada e uma pedra de forma fálica podem ser usados desde que sua presença esteja associada à dualidade divina.

Um recipiente cheio de areia ou terra é necessário para a queima dos aromas na forma de incensos. Se preferir, pode ter um turíbulo ou incensário. Neste último caso será necessário comprar carvão e incenso em forma de resina. Então, é só acender o carvão e colocar pitadas de resina sobre ele.

O incenso de cheiro doce purifica o ar e também ajuda a elevar a mente às coisas do espírito. À medida que a fumaça sobe, isso representa seus pensamentos e orações subindo aos Deuses.

Uma tigela de água e um recipiente com sal são necessários para consagrar o Círculo e a si mesmo. Além disso, é necessário um aspersor que pode ser um pequeno ramo de ervas amarradas.

Um sino de tons doces também deve estar presente para ser tocado ao invocar os Reis dos Elementos. Às vezes, um chifre é usado para esse fim, mas isso é inteiramente uma questão de preferência pessoal.

As ferramentas da magia

A mais importante das ferramentas da magia é a faca de cabo preto, ou athame (pronuncia-se a-tã-me), que é praticamente uma extensão da vontade e da determinação do operador: invocar os Senhores Elementares nos quatro pontos, enviar o poder do Bruxo na direção necessária e banir e limpar a área de trabalho.

Durante as perseguições, o cabo preto ajudava a diferenciá-lo da faca de cabo branco, quando todos os instrumentos usados na Arte tinham que ser utensílios domésticos comuns ou pareciam sê-lo! A faca com cabo branco era usada apenas para esculpir ou cortar algo de natureza prática dentro do Círculo.

As origens do athame remontam a um longo caminho. Uma antiga balada Irlandesa conta a história de uma jovem mulher que desapareceu e foi dada como morta. Um ano depois, ela foi vista sentada em uma colina de fadas balançando seu bebê e cantando uma canção de ninar. Entre suas palavras, ela deu instruções ao seu marido terreno sobre como poderia ser resgatada: "Vir com uma vela de cera na palma da mão e rapidamente trazer uma faca de cabo preto e acertar com ela o primeiro cavalo atravessando o outeiro. Então ele deveria colar uma certa erva na porta do forte das fadas. Se ele falhasse, ela teria que ficar e se tornar a rainha das fadas".

Essa história mostra as qualidades mágicas da lâmina que se relaciona com o sucesso e a vitória sobre a oposição. Quando fui iniciada, Gerald Gardner me deu uma faca de cabo de prata. Ele me garantiu que ela "faria o trabalho", mas parecia convencido de que uma faca que fosse feita para mim apareceria com o tempo. Sim! Como afirmado anteriormente, uma Bruxa escocesa me enviou a faca de sua avó que tinha o cabo preto tradicional.

Poderia haver uma ligação entre o athame e o *skean-dhu*, que é usado por um Highlander Escocês. Meu marido, cuja mãe era uma MacFarlane, muitas vezes usava a saia escocesa ao realizar sua performance no palco. Ele me disse que *skean-dhu* significa "faca negra".

O athame normalmente tem cerca de nove polegadas de comprimento. Encontrado na sepultura de uma sacerdotisa na Noruega (a cópia do que eu possuo) mede o mesmo comprimento. Ele tem os mesmos símbolos gravados no cabo como os utilizados nos dias de hoje.

Como não ordenamos aos Deuses que são atraídos ao seu Círculo pelas canções e invocações, o athame é renunciado em favor do bastão. Este é um símbolo da força e da energia vital que vem de dentro de cada ser e também o Falo da Vida universal. O bastão é a varinha mágica de fama mundial. Os praticantes medievais de magia sempre usaram essa ferramenta em suas operações mágicas, e até os mágicos de palco mantêm a Varinha Mágica para fazer as coisas aparecerem ou desaparecerem.

Alguns bastões são feitos de marfim ou de ébano e são lindamente esculpidos. Mas um bastão eficaz pode ser cortado a partir dos ramos de uma aveleira, com uma faca de cabo branco, quando a Lua estiver crescente ou cheia. Deve ser cortado numa quarta-feira. Tanto a árvore quanto o dia pertencem a Mercúrio. Você pode aparar e esculpir de acordo com seu gosto pessoal, talvez dando uma forma fálica. Outro artefato com as mesmas conotações é o Mastro para Cavalgar (consulte o capítulo 11).

O próximo implemento a ser obtido é um caldeirão. Mas, como são bastante grandes em comparação com as outras ferramentas, algumas Bruxas o substituem por uma tigela preta ou um chifre que é usado como uma taça no altar. O caldeirão, quando cheio com água, é um excelente instrumento para a arte de observar ou como um recipiente para uma pequena fogueira no Círculo. A maneira mais segura de conseguir isso é colocando algumas fitas de tecido de amianto em uma lata redonda, sobre a qual você derrama uma pequena quantidade de álcool desnaturado. Coloque a lata dentro do caldeirão e acenda o álcool, isto lhe dará uma chama brilhante praticamente sem cheiro. O fogo é necessário ao celebrar um dos antigos Festivais do Fogo do Ano das Bruxas. Se você pode comprar um tacho, seria ideal para o Círculo, pois eles são relativamente pequenos, embora sejam raros atualmente.

A Deusa celta da Lua foi associada a um caldeirão mágico que ela mexeu initerruptamente por um ano e um dia. No final desse tempo, voaram dele três gotas do dom da inspiração. A Deusa Cerridwen, a antiga Senhora das Artes dos Druidas, presenteia seus devotos com poesia, inspiração e sabedoria. As três pernas do caldeirão se referem às três fases da Lua e aos três aspectos da Deusa – Donzela, Mãe e Anciã. Além disso, como ele é um recipiente oco, é também um símbolo do feminino.

O pentáculo é um pedaço de metal redondo ou quadrado, ou mesmo uma pedra grande e plana, com uma superfície lisa. Neste último caso, os símbolos podem ser pintados em vermelho. Um pentáculo de Coven tem todo o simbolismo oculto da Arte gravado em sua superfície, mas como alguns deles se conectam aos Três Graus de Iniciação é mais sensato omiti-los aqui até que você esteja realmente trabalhando dentro de um Coven.

Em vez disso, use o Pentagrama Coroado, que representa o objetivo e quaisquer símbolos que sejam significativos para você mesmo, como a Lua crescente e minguante, ou talvez o seu próprio nome escrito em um dos alfabetos mágicos.

A estrela de cinco pontas se parece com um pessoa de pé com os braços e as pernas afastadas e com um círculo em volta dela, o que retrata o ser humano trabalhando a magia. Esses símbolos gravados no pentáculo representam a pessoa, o(a) Mago(a)!

O último artigo essencial que você precisará é a corda. A cor da corda geralmente é a vermelha, mas ela pode ser uma combinação de três fios: vermelho, branco e azul entrançados. Estas são as cores dos três aspectos da Deusa como Donzlea, Mãe e Anciã. Sua função mágica será explicada no próximo capítulo. Ela pode ser usada em volta da perna durante um ritual, absorvendo, assim, suas próprias vibrações e aura. Essa corda é a origem da liga das Bruxas, considerada uma alta patente na Arte. Hoje em dia, uma Alta Sacerdotisa geralmente usa uma na coxa, feita de veludo ou de pele de cobra. Qualquer um que tenha estudado o assunto da Bruxaria conhecerá a história do Rei Eduardo III, que pegou a liga de uma moça quando ela a deixou cair durante um baile. O rei fez uma coisa muito incomum, colocando-a em sua própria perna com as palavras *Honi soit qui mal y pense* (que o mal esteja com aquele que pensar o mal). Ora, se isso tivesse sido apenas uma peça comum, parece altamente improvável que o Rei tivesse feito tal gesto.

A Dra. Margaret Murray parecia convencida de que era uma liga ritual e de que o rei era um *Plantagenet* (o nome é derivado da planta genista, a giesta), cuja família diz-se que teria uma profunda lealdade à Antiga Religião. Seja como for, a partir daquele único incidente, ele fundou a Mais Nobre Ordem da Jarreteira, com um número de 26 cavaleiros. Duas vezes treze são vinte e seis! Mas os significados não param por aí. O rei construiu o que ficou conhecido como a Torre do Diabo, no Castelo de Windsor e, nas vestes iniciais de um cavaleiro desta Ordem, foram adicionadas cento e sessenta e oito ligas, além da usada na perna – 169 ou treze vezes treze!

Existem algumas pinturas medievais de Bruxas que as mostram vestindo a liga e tem uma pintura na caverna de Cogul, na Espanha, mostrando um homem cujo único adorno é um par de ligas! Ele está no centro de um círculo de mulheres e é óbvio que as ligas são de significado ritual.

A corda era usada pelas Bruxas quando vendiam ventos para os marinheiros. Elas vendiam um cordão com vários nós amarrados, quando o marinheiro desamarrava um nó, uma brisa fresca surgia. Quanto mais nós desamarrados, mais forte o vento se tornaria.

Magia com nós é coisa muito antiga. O entrelaçamento da corda era uma maneira de afastar o mau-olhado. A ideia era desviar e enganar os olhos de qualquer pessoa malévola através do traçado dos nós. Os belos desenhos da arte celta exibem de maneira muito expressiva essa forma de magia.

A corda descreve a conexão entre espírito e matéria, a divindade e o ser humano: o elo sempre presente, penetrante e eterno. Ela também une os quatro pontos da bússola, os quatro elementos e a ligação dos sigilos e instrumentos da Arte. Além disso, a corda é utilizada durante o juramento de lealdade na iniciação.

Os quatro elementos

O athame, o bastão, a taça e o pentáculo representam os quatro elementos: Ar, Fogo, Água e Terra. Na Arte, as inteligências por trás dos elementos são chamadas de "Senhores dos Espaços Exteriores" ou "Reis dos Elementos". Todas as religiões os reconhecem, sob nomes diferentes, os cristãos os conheciam como os Arcanjos Rafael, Miguel, Gabriel e Auriel.

Progredindo no sentido horário ao redor do Círculo, começamos no Leste com o Ar. Muitas Bruxas usam o Hermes Egípcio, ou o Mercúrio Romano, para identificar o Senhor do Ar – o Mensageiro dos Deuses. Com capuz e pés alados, ele se lança aqui e ali, comunicando-se entre os níveis interno e externo da existência. Seu caduceu, com suas serpentes entrelaçadas, é o emblema da profissão médica, porque Mercúrio é o curador divino. Ele também pode ser visto retratado no brasão do

Royal Corps of Signals[8], como o meio pelo qual os sinais são comunicados e onde ele é carinhosamente conhecido como "Jimmy".

Há uma estátua de Mercúrio no topo do prédio do jornal *Sheffield Star*, representando o controlador da palavra escrita. A Mente é o território de Mercúrio, que inclui o dom da fala – que é transportado pelo Ar – o gás no qual vivemos.

O athame se liga a este elemento, pois apunhala o Ar e transmite nossa intenção mágica dos níveis Externo para Interno. O Sol nasce no Leste e tipifica o amanhecer de nossa Luz Interior.

No próximo Portal do Círculo, o do Sul, encontramos o elemento Fogo, que se liga ao bastão mágico. Recebemos esta energia masculina na forma física do Sol, e o ser humano, como um cosmos em miniatura, o tem no coração, a fonte da vida corporal.

Bastão simboliza o Poder do Deus Cornífero – o Poder Fálico da Regeneração. Nos tempos antigos, era o significado por trás do pilar de pedra, o Mastro de Beltane, o poder de Jack Verde.

O Fogo é o mais misterioso dos elementos. Consome, ainda que não possa ser consumido. Permanece puro e inviolável. Podemos introduzi-lo em nossas vidas através do atrito, que é como o homem o descobriu, mas podemos imaginar os acidentes que ocorreram antes que aprendessem a controlá-lo. O que finalmente foi feito usando-se uma varinha ou um bastão que poderia ser carregado com segurança de um lugar para outro.

Miguel, o Líder das Hostes Celestiais, é o Senhor do Fogo. Ele é representado suprimindo o mal na forma de um monstro: a luz vence as trevas.

É preciso ter cuidado ao usar nosso próprio poder e energia em magia. Deveríamos engatar nossas engrenagens e construir nossas "baterias" lentamente com controle perfeito. Sem esse controle, as coisas poderiam facilmente sair pela culatra. Miguel pode ser invocado para curar doenças, onde o bastão se transforma numa espécie de raio laser para trabalhos desse tipo.

Algumas pessoas tiveram a experiência da Iluminação Divina, que chegou a elas em um clarão ofuscante. Isso pode verdadeiramente acontecer. Nós, humanos, em contraste com a Luz Divina, vivemos como

---

8. N.R.: um dos braços de apoio de combate do Exército Britânico.

toupeiras na escuridão. No entanto, uma pequena centelha desse brilho habita em nós. A realização disso foi demonstrada em todos os antigos templos de ocultismo nas palavras: "Conhece-te a ti mesmo".

Progredindo em volta do Círculo, chegamos à Água no Portal do Oeste. Seu equivalente em termos materiais é o Caldeirão ou a Taça de Chifre. Temos uma relação muito estreita com este elemento, assim como era antes de nascermos, quando ele nos embalava no ventre de nossa mãe. Além disso, a maior parte de nossos corpos é composta de água.

Água é um elemento feminino que tem a Lua como governante. Embora as Bruxas venerem a Deusa da Lua, elas não adoram a própria Lua, mas os poderes invisíveis que controlam suas ações e através dos quais ela se manifesta.

A flutuação das marés é governada pela Lua. Essa "umidificadora" também regula o ciclo menstrual nas mulheres – *mens* significa Lua ou sangue da Lua – e também governa o fluido seminal branco perolado dos homens.

Pensa-se que ela controla as marés nos níveis interiores de nascimento e morte, como regente do Plano Astral. Na morte física, a alma passa pelo Portal do Oeste nos braços de Gabriel (Jav-ree-el), o portador da vida. Foi esse arcanjo que veio à Maria na época de sua concepção. Gabriel governa as Águas da Vida fortalecidas pelo Amor e pela Compaixão. A taça, para o brinde, é passada em volta do Círculo no final de uma reunião, quando damos de beber um ao outro e criamos um vínculo de amor e boa comunhão.

A própria Deusa diz: "Por nada menos que o Amor eu seja conhecida". Não se trata tanto de um amor físico, mas de um amor espiritual. O amor, em seu contexto mais elevado, é algo muito diferente da paixão humana. Dizem que para uma alma avançada reencarnar é necessário que seus futuros pais se conheçam e se amem no sentido mais profundo da palavra. A união de duas dessas almas pode abrir o Portal de forma pura o suficiente para que uma alma "velha", ou mestra, obtenha o renascimento.

A água é o elemento das *emoções* que, se permitidas, dominariam nossas vidas. Os animais respondem ao fluxo e refluxo da Lua e têm estações regulares de acasalamento. Experimentos com ostras mostram que elas abrem suas conchas para se alimentar na maré alta. E, quando removidas para uma câmara subterrânea, a quilômetros de distância do mar, eles ajustam seu horário de alimentação para coincidir com o tempo que a Lua está em sua plenitude. Isso sugere que a Lua rege a mente dos animais, mas os seres humanos, em um nível mais alto de desenvolvimento, não estão sujeitos a essa compulsão porque suas almas são capazes de entrar em contato com os reinos espirituais além do Astral.

As marés astrais reagem à atração da Lua da mesma maneira que as marés do mar, trazendo almas para o nascimento em uma "maré" que as traz e leva embora com a morte física. A plasticidade deste plano cria quaisquer cenas que a alma deseje projetar em torno de si mesma quando deixar o corpo, até que isso empalideça e a alma deslize para uma dimensão mais elevada do ser.

O Plano Astral é aquele sobre o qual a magia é projetada e, como é o equivalente interno da água, é igualmente flexível e facilmente moldada à vontade do operador. Elementos mais refinados como Ar e o Fogo também têm seus níveis espirituais internos. Estes se alinham com o Manásico (mental) e o Búdico (maestria), respectivamente.

A "mensagem" da taça ou do caldeirão, na qual olhamos para a água cintilante, o elemento da clarividência, nos diz para cultivar a compaixão, o cuidado e o amor um pelo outro.

O elemento no ponto Norte do Círculo é a Terra e, naturalmente, se iguala ao pentáculo ou a pedra. A Terra é nosso lar enquanto estamos no corpo físico, e é nossa Mãe, a doadora abundante de vida e sustento. O altar, assim como o elemento Terra, é a base material e o fundamento sobre o qual repousamos nossos instrumentos mágicos e deve ser reverenciado tanto, senão mais, quanto nossas ferramentas de trabalho. De frente para o Norte magnético, o altar é o ponto focal de todas as nossas orações, invocações e capacidade mental.

Embora o mundo moderno esteja se tornando cada vez mais consciente da necessidade de preservar e reconhecer a Mãe Terra, os Antigos lhe deram um amor natural que veio do coração. Eles conheciam, instintivamente, a necessidade de reconhecer as dádivas da Mãe sob a forma de libações derramadas de volta ao solo. Feixes de grãos também eram ofertados a ela, e a Boneca de Grãos era feita com os últimos feixes a serem colhidos e era então pendurada no celeiro ou no chalé em homenagem à Deusa. Esta arte antiga ainda é preservada com todos os tipos de símbolos e figuras sendo feitos da mesma maneira.

Os grandes Festivais de Fertilidade foram realizados em várias épocas do ano para alcançar um *relacionamento* com a vida da Mãe Natureza, ecoando e encenando seu drama anual de concepção, nascimento, morte e renascimento. Eles achavam necessário dar amor a toda vegetação que aparecia com brotos verdes brilhantes da escuridão da terra, acreditavam que tudo crescia melhor e mais forte devido aos seus cuidados.

Recentemente, experimentos científicos descobriram que isso é verdade. As plantas que vivem perto de casa e recebem cuidados amorosos ficam maiores e melhores do que as que crescem sozinhas. As pessoas costumam conversar com suas plantas e flores, uma reportagem recente na televisão mostrou uma máquina que pode sintonizar a linguagem das plantas! Um som de assobio peculiar é emitido pela máquina quando a planta está ligada a ela e, segundo o inventor, estava respondendo às perguntas do repórter!

É necessário perceber que a Terra é uma entidade viva por si só e que acabou de passar da meia-idade. Ela é tão viva quanto os elétrons em um átomo ou os glóbulos no sangue humano.

Auriel é o regente do elemento Terra. Ele é geralmente representado entre campos dourados e verdes, com montanhas subindo atrás dele e rios fluindo sob seus pés. O Sol nasce acima de sua cabeça em uma "aura" de chamas.

Nós também devemos permanecer firmes na terra, com os pés afastados e os braços levantados para as estrelas na posição do pentagrama. A lição a ser aprendida da terra é crescer e florescer em seres totalmente individualizados, para que os frutos desta encarnação possam ser colhidos e desfrutados em nosso próximo estágio de existência.

Embora os Arcanjos não sejam estritamente reconhecidos na Arte[9], eu os incluí porque eles são anteriores à Era Cristã e são conhecidos pelos praticantes de magia ao longo do tempo registrado.

É igualmente aceitável visualizar os elementos em suas formas físicas. Mas é preciso fazer contato com suas essências no momento de invocá-las nos Quatro Portais.

---

9. N.R.: é importante que se note com atenção esta afirmação da autora, pois anjos são parte das tradições espirituais judaico-cristãs e, por isso, NÃO SÃO cultuados na Wicca.

Por exemplo, o Ar pode ser sentido como uma brisa soprando pelos cabelos. Sinta-o em sua respiração enquanto transmite sua invocação ou imagina nuvens correndo pelo céu. O Fogo pode ser imaginado como uma fogueira ardente, como o Sol em seu esplendor, ou mesmo como a chama de uma vela. No Oeste, sinta as gotas da chuva caindo em seu rosto voltado para cima; representando a força da Água, veja um riacho límpido e borbulhante ou o mar com ondas quebrando com espuma. E, finalmente, a Terra pode ser conjurada como um bosque de árvores, como campos de trigos dourados ou como montanhas azuis elevando seus picos em direção aos céus.

Fazendo Magia

Presumindo que você tenha todos os itens essenciais reunidos e agora esteja pronto para trilhar o Caminho da Magia, continue lendo o que se segue!

Primeiro, você deverá consagrar toda a sua parafernália mágica e, para fazer isso, deve começar consagrando o Círculo e o altar. Uma vez que tudo tenha sido purificado e dedicado, seus instrumentos de magia devem ser mantidos à parte das coisas comuns do dia a dia. Eles devem ser embrulhados em seda ou veludo preto e guardados em um local especial.

No que diz respeito ao seu athame, ele deve ser mantido perto de você por um tempo, para garantir que se torne uma parte sua e carregue as suas vibrações específicas.

Um item importante é o seu livro de anotações. Você coletará mais e mais rituais, feitiços, poesias e invocações à medida que avança. Comece com um grande livro de exercícios para incorporar seus escritos. Isso é chamado de Livro das Sombras, pois é apenas uma sombra pálida das realidades espirituais interiores. Este livro pode ser encadernado em feltro com a capa bordada com seda ou pedras coloridas de uma maneira que agrade você. Às vezes, imagens do Deus e da Deusa são coladas na frente. É possível fabricar um suporte pequeno para sustentá-lo, de forma que suas as mãos possam estar livres quando estiver no Círculo.

Esta cerimônia inicial deve ser realizada em nudez ritual, pois é uma forma de iniciação. Se você for mulher, o uso de um colar é essencial, pois ele é um antigo símbolo da Deusa. A maioria das estátuas antigas descreve a Deusa usando um – de fato, até mais que isso! Em Éfeso, ela exibe um colar de bolotas, um símbolo de fertilidade. Eu possuo uma estátua muito antiga da Deusa, onde ela é vista com um adorno de cabeça e um colar de pedras grandes. Em seus joelhos, repousa o filho divino, Hórus, como se ela o estivesse apresentando ao povo.

O colar deve ser feito de contas bastante grandes e ficar ao redor da base do pescoço, para que pareça um círculo. Um colar ideal pode ser feito de pedras de Bruxa. De fato, são esponjas fossilizadas com milhões de anos, perfeitamente redondas, bem pequenas, com uma perfuração natural através delas. Essas pedras são muitas vezes brancas e levemente brilhantes, como a Lua, sua senhora. Elas podem ser encontradas em algumas partes do litoral e também em pedreiras. Reuni várias dessas pedras na praia de Brighton e tive a sorte de encontrar uma pequena pedra em forma de coração para usar como fecho. O museu de Whitby tem um colar que eles chamam de "o colar mais antigo do mundo" – algo provavelmente verdadeiro! Estes *Porosphaera globularis* (seu nome correto) sempre foram considerados colares de sorte, principalmente por causa de sua forma feminina e idade imensa.

Reúna tudo dentro do Círculo. Acenda as velas do altar, o incenso e as velas nos quatro quadrantes. Estas últimas podem ser dedicadas por último, quando você pode trazê-las para o Círculo. Então, lance-o novamente, consagre-as, substitua-as e lance novamente o Círculo.

Agora faça uma oração a respeito de sua intenção para os Antigos e, seja homem, seja mulher, lembre-se de que possui aspectos do Deus e da Deusa dentro de você.

Levante-se e segure seu athame, aproxime-se do Leste para realizar a limpeza do Círculo. Isso deve ser feito sempre que realizar um ritual. Use o Pentagrama de Banimento (veja a ilustração a seguir) e diga: "Eu limpo e purifico este lugar dedicado. Que todas as influências adversas se afastem, se afastem, se afastem!" Com as últimas palavras, golpeie o centro da estrela com o seu athame e intenção feroz. Movendo-se em deosil, sentido horário, repita o mesmo no Sul, Oeste e Norte, retornando ao Leste.

O Círculo é formado elevando seu athame, abaixando-o e traçando uma duplicata com a ponta da lâmina. Mais uma vez, em deosil. Quando o círculo estiver concluído, levante a faca e traga o braço de volta ao corpo. Execute essas ações como se estivesse desenhando um círculo, vendo uma linha de chama azul seguindo a ponta do athame. É esse Círculo Astral que é o mais importante. O que está no chão atua meramente como um guia no plano físico.

Pentagrama de Invocação

Pentagrama de Banimento

Pegue a tigela com água, dizendo:

Ó, tu criatura da Água, eu te purifico para o meu propósito (jogue um pouco de sal na água), por este sal da Terra, sejas tu verdadeiramente limpa. Que assim seja!

Com o aspersor, borrife o Círculo. Sempre comece e termine no Leste. Em seguida, pegue o incenso, circule e diga:

Eu te purifico! Círculo, para ser um lugar adequado para os Deuses entrarem e para conter o poder que será elevado dentro de ti.

Para invocar os Reis dos Elementos, toque o sino ou o chifre, dizendo:

Invoco, convoco e conclamo, Poderosos do Leste, para me auxiliarem e protegerem o Círculo.

Desenhe o Pentagrama de Invocação com seu athame e repita o mesmo no Sul, Oeste e Norte, mudando as palavra apropriadamente, é claro. Quando você tocar o instrumento, tente imaginar a nota ecoando no Plano Astral antes de falar.

O Caldeirão dos Mistérios

Aproxime-se do altar e diga as palavras:

Eu consagro este altar para que ele seja um sagrado e agradável lugar de congregação perante os Deuses. Abençoe esta superfície e base sólida, foco da minha adoração e trabalho.

Toque sua testa, seios (peito) e órgãos genitais com uma gota de óleo perfumado e diga:

Consagro esse corpo para ser um veículo da minha vontade. Que ele seja sempre subserviente ao meu espírito. Com isso me dedico à Grande Deusa e ao Deus Cornífero e faço meu juramento solene de que eu (nome) seguirei o Caminho Verde como um verdadeiro Pagão.

Aqui uma oferta de algum tipo deve ser apresentada e colocada sobre o altar. Mais tarde esta oferta deve ser guardada em uma caixinha e mantida dentro ou perto do Círculo. Pode ser uma mecha de seu cabelo, uma conta de âmbar ou uma representação escrita de suas aspirações. Talvez todas as três!

Depois de alguns momentos em meditação, pegue o bastão, segure-o na posição vertical e recite o seguinte:

Eu entro no Círculo de antigamente,
com coração amoroso e coragem crescente.

Deus e Deusa, meu chamado venham escutar,
Vocês que a todas as Bruxas têm função de guardar.

Recebam minha oferta e o meu amor,
Dou a vocês tudo o mais que para provar for.

Como o moinho ao redor de onde eu pisar,
Guiem sempre o meu caminhar.

Forjem meu espírito, aguçado e brilhante,
Levando-me em direção à luz fulgurante.

Feitiços e símbolos, pensamentos e ações da vida cotidiana,
Propostos pela Rede Wiccaniana.

Verde é a Deusa, Verde é o Deus e então
Eu os exalto com este flamejante bastão.

E, então, ande em volta do Círculo entoando este canto:

Io-evoe-ee; An e Al, chamo vocês assim;
Io-evoe-ee; enviem Tuas bênçãos sobre mim.

Repita quantas vezes desejar. Você descobrirá que isso se torna hipnótico e lhe dará uma sensação de alegria. Comece com uma caminhada lenta e, gradualmente, comece um rápido trotar.

Quando estiver pronto, pare repentinamente em frente ao altar segurando o bastão no alto. Ajoelhe-se na frente dele e descanse.

O próximo passo é a consagração de tudo que estiver no altar. Cada artigo deve ser purificado separadamente. As seguintes palavras são só um exemplo, mas podem ser usadas as suas próprias. Os Deuses têm muitos nomes, de acordo com o país e a localidade. Incorporei dois dos nomes mais antigos usados na Grã-Bretanha, mas você pode escolher os que falam mais ao seu coração:

Ó! Antigos; Al e An; em Teus nomes consagro e purifico este _____
(*nome do instrumento*), para que possa ser usado com sabedoria e amor.
(*respingue água com sal e passe no incenso*.)

Quando tudo estiver concluído, sente-se como uma Bruxa, ou seja, de pernas cruzadas, no chão, e aproveite o ambiente. O Círculo assumirá uma atmosfera aconchegante e fora do tempo, muito diferente de qualquer outra coisa. Isso acontecerá especialmente se você usá-lo constantemente.

Você pode querer tomar um pequeno gole de vinho para brindar aos Deuses e, embora esse ato esteja geralmente confinado ao fechamento de um ritual, não há nada contra se refrescar um pouco entre os estágios do mesmo. O vinho o aquecerá e ajudará a aliviar qualquer sonolência, porque, no início da Arte, você estará usando partes de sua mente e despertando centros em seu corpo aos quais não está acostumado. Depois de um tempo, isso se tornará uma segunda natureza, mas não exagere no começo.

A consagração a seguir me foi dada por Gerald Gardner e, como já foi impressa muitas vezes antes, não vejo razão para omiti-la aqui.

Fique diante do altar e levante o seu athame sobre a taça de vinho, dizendo:

Como o athame é masculino, a taça é feminina, juntos trazem bênçãos.

Abaixe lentamente a ponta da lâmina no vinho, levante a faca e coloque-a novamente sobre o altar. Se você tem um parceiro, a mulher senta-se sobre o altar segurando seu athame e o homem se ajoelha diante dela e a adora. Ele então pega a taça e ela realiza a bênção.

Levante a taça e diga:

Para os Antigos! Feliz Encontro, Feliz Partida e Feliz Encontro novamente!

Tome um gole do vinho com as palavras:

Flags! Flax! Fodder e Frig!

Esta é uma antiga bênção que significa "Abrigo, Roupas, Comida e Amor – os Quatro F's!". E se você seguir o Deus e a Deusa, descobrirá que sempre terá o suficiente para fazer o seu caminho na vida. Como diz o ditado: "Os Antigos nunca deixam você passar fome". E eu descobri que isso é uma verdade.

Nunca quebre o Círculo saindo dele depois que foi lançado. No final do ritual, levante o seu athame, vá para o Leste e desenhe o Pentagrama de Banimento com estas palavras:

Guardiões do Leste, agradeço a presença. Sigam em paz!

Continue em volta do Círculo. Nunca omita a despedida que, como o "chamado" inicial, é sempre ouvida. De fato, somos nós que comparecemos e partimos, pois os Deuses e Guardiões estão sempre presentes. Estamos do lado de fora ou de dentro, ou, se preferir, do outro lado do espelho, a ideia retratada de forma tão vívida nas obras de Lewis Carroll. Se alguém mais desejar adorar os Deuses no Círculo com você, entende-se que eles também podem se iniciar por essa dedicação.

Feitiços

A magia é feita na mente, mas deve ser trazida para a forma material. É por isso que a Bruxa utiliza cordas, velas, talismãs e também feitiços. Isso significa fazer magia em forma de palavras. Faça isso em uma rima simples para recitar enquanto você estiver concentrado, como "Betty e sua família logo bem estarão, Deus e a Deusa esta bênção nos concederão".

Como são fáceis de lembrar, as palavras parecem dizer por si só e você pode manter a mente no objeto do exercício.

Porém, tenha sempre em mente a Rede Wiccaniana, ou a Crença das Bruxas. Há poucas leis na Arte, mas as que existem são completamente válidas. Essa é a Rede:

Oito palavras da Rede Wiccaniana deves respeitar:
Sem nenhum mal causar, faça aquilo que desejar.

Portanto, tenha a certeza de que a magia que você executa não prejudicará ninguém, nem mesmo indiretamente. A abordagem deve ser positiva. Qualquer comando negativo é autodestrutivo. Também é perigoso e muito tolo, porque você está convidando a ira dos Deuses, quebrando seu juramento.

A Lua minguante pode ser utilizada para se livrar de vibrações prejudiciais ou quaisquer imperfeições em si mesmo. Pessoalmente, acho a "Escuridão da Lua" um excelente momento para adivinhação e clarividência, talvez porque esse aspecto se conecte à Anciã oculta e misteriosa, ou com a Sábia.

Quando você começa o caminho da Bruxaria sempre haverá pessoas que lhe perguntarão o que é isso. Apesar de suas perguntas, não conte nada a elas. Caso contrário, seu trabalho não será concretizado. Isso faz parte dos ensinamentos esotéricos descritos nos Quatro Poderes do Mago. Uma máxima consagrada pelo tempo, ela abraça toda a ideia por trás da magia nas palavras "saber, querer, ousar e calar". A última instrução é uma das mais difíceis de alcançar, especialmente quando você começa a obter resultados de seu trabalho. Há um forte impulso de contar a alguém sobre o assunto. No entanto, faça o possível para mantê-lo para si mesmo. Eu acho que será mais fácil para os Bruxos nascidos sob o signo de Capricórnio, Touro ou Escorpião fazerem isso, pois eles geralmente são reservados e cautelosos por natureza.

Caso seja questionado, pense imediatamente na Esfinge, o observador silencioso do deserto, mantendo os segredos do passado. Gerald Gardner sempre dizia sobre gente questionadora; "não há mal algum em perguntar", o que significa que ele não tinha a intenção de lhes dizer coisas que não eram da sua conta.

Os horários de trabalho são discutidos no próximo capítulo, mas as Bruxas sempre se encontram na Lua cheia, o tempo da potência lunar máxima. Como a velha rima nos diz:

Ore para Lua quando cheia ela está
A sorte com você então florescerá
O que procura será encontrado
Sobre o mar ou solo firmado

Magia com velas

Selecione uma vela da cor apropriada ao seu desejo. Uma lista de cores e suas influências estão incluídas nos Rituais Planetários mais adiante. Com um pouco de óleo perfumado, magnetize a vela. Isso é feito ungindo-a com o óleo do centro para o topo e do centro para a base, o que ajuda a impregnar a vela com sua própria aura. Diga:

Sobre essa vela eu vou escrever
O que essa noite hei de requerer
Que as runas da magia possam fluir
Pela mente, feitiço e chama a luzir
Confio que essa benção vou alcançar
Ó, amada Deusa lunar

Pegue sua faca de cabo branco e esculpa seu desejo na cera. Comece no topo da vela e gradualmente trabalhe em volta e em direção à base. Você pode usar um dos alfabetos mágicos, como o Thebano, que é popular entre as Bruxas. Escrever em um alfabeto estranho ajuda a se concentrar profundamente e sua intenção será mais eficaz. No entanto, a escrita comum servirá até você dominar a primeira.

Acenda a vela e coloque-a sobre o altar e deixe-a queimar. Quando você sair do Círculo, coloque a vela no caldeirão ou em algum outro recipiente seguro.

Todos os feitiços devem ser precedidos por uma dança circular enquanto entoa uma rima que abrange seus desejos da maneira descrita anteriormente. Essa ação aumenta o poder que vem do corpo na forma de energia. Quando um Coven completo performa o Moinho, um grande poder é elevado. Isso se eleva a partir dos dançarinos para um ponto acima do Círculo, o que é conhecido como Cone do Poder. No entanto, uma quantidade adequada pode ser alcançada sozinha se você seguir os caminhos descritos no capítulo sobre a dança.

Esse feitiço em particular veio a mim quando eu estava em transe, nos anos de 1960. Descobrimos que funcionou. Na ocasião, meu marido escreveu esse versículo para acompanhá-lo. Posteriormente, li uma versão reduzida desta rima em um livro americano sobre Bruxaria. Foi descrito como um "Feitiço Rúnico Antigo", transmitido de boca a boca por gerações de famílias de Bruxas! Definitivamente, o verso não era antigo e não havia explicação de como executar o feitiço, e é por isso que o incluí aqui, assim como a sua verdadeira origem!

Magia com cordas

Obtenha um número de cordas coloridas diferentes, com aproximadamente 30 centímetros de cumprimento. As cores são usadas da mesma maneira que as velas.

Selecione uma corda e purifique-a, passando-a pelo incenso. Segure a corda entre as mãos, mostre-a para os Quatro Quadrantes e depois volte-se ao altar e anuncie sua intenção. Quanto mais entusiasmo você conseguir, maior será o resultado. Continue concentrando-se e torça lentamente a corda ritual em volta dela mesmo, que, presumivelmente, passou algum tempo amarrada à sua perna esquerda, logo acima do joelho.

A união de duas cordas reforçará sua vontade. Segure as cordas retorcidas e diga:

Amarro as cordas, ato o feitiço ao redor; em número ímpar, assim é melhor!

Agora, separe-as e coloque a corda ritual de lado. Então, lenta e deliberadamente, amarre três, sete ou nove nós na corda em que está trabalhando. Esses números estão incluídos em muitos rituais da Arte, pois é dito que números ímpares agradam aos Deuses.

Ate os nós, recite sua intenção em uma rima simples, depois pegue a corda atada e apresente nos Quatro Portais com as palavras:

O Ar a levará (agite o cordão ao redor da cabeça);
O Fogo a ela se unirá;
A Água a carregará
E a Terra a usará!
Que assim seja!

Se o desejo é pessoal, mantenha a corda com você por sete dias. Se for para outra pessoa, guarde-a em algum lugar secreto. Quando o feitiço for realizado, guarde a corda por nove luas. Depois, descarte-a, queimando-a no fogo do caldeirão. Esta corda *não* deve ser usada novamente.

Magia da água

Esse é um feitiço que se destina a qualquer assunto emocional: amor, amizade, casamento, etc. Você deve obter uma fotografia da pessoa que deseja ajudar e ela deve ser colocado no pentáculo. Encha o caldeirão com água e coloque-o sobre o altar. Adicione um pouco de sal à água e a abençoe:

Eu te purifico, pela Lua que tem a função de te governar para que possas me ajudar.

Apresente a fotografia aos Quatro Portais declarando o objetivo do ritual. Então se aproxime do altar e segure a foto de forma que ela seja refletida na água do caldeirão e diga:

Luz astral a cintilar, raios da Lua a brilhar
Eu comando a água transparente
Para virar a maré de_____(nome)
Cuja face refletida é inerente

A Lua todos os desafios vai levar
Uma nova fase vai começar
Superfície espelhada, lisa como cristal
Trará novos dias afinal

Com a paz serena em seu coração partido
Esqueça toda dor e ferida
Se eleve do oceano renascido
E sorria novamente para a vida.

Olhe para o rosto na água e "veja" a pessoa nas condições felizes ou amorosas que você deseja. Construa o cenário apropriado ou as pessoas ao seu redor dessa questão e retenha essa imagem em sua mente por pelo menos dez minutos. Então relaxe e descanse.

Invocações, cânticos e orações

O Ciclo da Lua
por Arnold Crowther

A Alta Sacerdotisa fica em frente ao altar vestindo um manto preto de invisibilidade. A Donzela (ou Servo) toca o sino e recita de joelhos. Todas as Bruxas se ajoelham.

> Ó! adorável Deusa da Lua a se elevar,
> Nos braços da Pantera Negra da noite estás envolvida.
> Oramos para que um benefício a este mundo possas dar,
> E torne nossa escuridão visível com sua luz brilhante difundida.
>
> Lança fora o teu manto negro
> E transforma a noite em dia;
> Pois estamos perdidos sem você,
> Neste caminho sem ser nossa guia.
>
> Uma luz prateada rompe as nuvens.
> Veremos a Deusa rapidamente.
> Lentamente Ela aparecerá a nós, nas fases da Lua reluzente.

A Sacerdotisa abaixa lentamente o manto até a linha dos seios. A Donzela toca o sino, uma vez:

> A Lua nova no céu a brilhar;
> A noite esconde o resto que anseio,
> Até a segunda fase revelar
> Seu adorável e bem formado seio.

A Sacerdotisa abaixa o manto até a cintura. A Donzela toca o sino duas vezes:

Então chega a terceira fase da Lua,
O manto da noite Ela deixa cair;
E fica ali no céu, nua,
Com seu corpo a reluzir.

A Sacerdotisa deixa o manto cair e fica na posição da "Deusa", com as mãos "cobrindo" os seios. A Donzela toca o sino três vezes. Todos se curvam:

Se você de nós não pudesse fugir ,
A noite em dia ia se transformar
Do submundo o Deus vai exigir,
A Deusa deve concordar.

A Donzela levanta o manto e o entrega à Sacerdotisa, que o segura na cintura. A Donzela toca duas vezes o sino:

Pegue o manto da escuridão,
Sua luz uma vez mais esconda;
A Lua está lentamente em diminuição,
Os maus espíritos a noite assombra.

A Sacerdotisa segura o manto contra os seios. A Donzela toca o sino, uma vez:

A pálida Lua lentamente desaparece,
A luz morre vagarosamente;
A Pantera devorará sua presa que perece,
E as trevas tomam os céus rapidamente.

Todos

Enquanto você atravessa o mundo inferior,
Nesta Terra nós a vemos honrar,
Com orações, cânticos e feitiços mágicos, ouça o nosso clamor,
E esperamos mais uma vez pelo seu despertar.
Abençoada Seja!

Esse ritual também pode ser trabalhado por duas pessoas (homem e mulher), ou por uma Bruxa, usando isso como uma invocação.

Invocação à Deusa

A Rainha das Rainhas invocamos
Aradia! Aradia!

Venha a nós em nossos sonhos
Aradia! Aradia!

Abençoada Deusa do mundo superior
Aradia! Aradia!

Nos conceda a paz e o amor
Aradia! Aradia!

Ouça seus filhos que aqui podes ver
Aradia! Aradia!

Que possamos seus segredos conhecer
Aradia! Aradia!

Perfeito amor e perfeita confiança
Aradia! Aradia!

Não reduza ao nada a nossa esperança
Aradia! Aradia!

Que o Moinho continue a girar
Aradia! Aradia!

E a Roda da nossa vida a rodar
Aradia! Aradia!

Pra cima, pra cima, sem parar
Aradia! Aradia!

Que nossas almas unidas possam estar
Aradia! Aradia!

Mais e mais perto, nos tornamos um
EH-OH-AH-EE-AH-OH-UM!

A dança deve parar antes que os sons sejam entoados no final. Ou, alternativamente, o canto pode ser repetido três ou cinco vezes parando apenas com o som final da vogal. O nome Aradia é pronunciado: a-RA-dia, com um acento no A do meio.

O Sabbat das Bruxas

Por Arnold Crowther

Venha cavalo, cão de caça e sapos a pular,
Desçam das florestas e venham pelas estradas a caminhar,
Através de todos os prados e por entre os canais;
Venha para o Sabbat dançar com as Bruxas ancestrais.

Castores, texugos e criaturas noturnas;
Gatos, morcegos e espirituosas corujas ,
Voando, amedrontando, rastejando e andando,
Dançando, cantando, rindo e conversando.

Gente das casas, pessoas abastadas
Venham dançar com as Bruxas sagradas.

Flores das sebes com musgos e líquens das plantas
Carregadas por moças da cozinha e governantas;
Escudeiros das mansões e meninos da estrebaria,
Jovens, idosos e todos com capacidade e honraria,
Viajam pelo crepúsculo, evitando todos as barreiras;
Todo mundo correndo para dançar com as Bruxas festeiras.

Em volta da fogueira, eles andam alegremente saltitando,
Berrando e gritando, pulando e quicando.

Livres como o vento, eles seguem dançando e berrando,
Corpos brilhando, suando e exalando.

Isso é muito melhor do que toda a sua riqueza;
Se despreocupe e dance ao lado das Bruxas com certeza.

No pálido luar, brincam até a manhã chegar,
Quando todo mundo está cansado e a bocejar.

Alto eles gritam no tom mais elevado,
– Ó, aquela noite que com as Bruxas tivemos um bailado.

Velho Chifrudo
por Arnold Crowther

Quando o vento de outono soprar,
Através da floresta que todos vamos caminhar;
Perseguindo cervos, veados ou gamos do prado,
Caçando com o Velho Astado!

Sobre a samambaia, através do regato,
Subindo a encosta e depois ao redor do mato;
Esse é o esporte pelo qual temos ansiado,
Caçando com o Velho Astado!

Cavalos suando estão a pular
Cercas, valas, rochedos difíceis de chegar
Enquanto os moradores dormem e têm sonhado,
Caçando com o Velho Astado!

As flechas deixam o arco então,
E rapidamente pelo ar se vão;
Uma corça ou um cervo sendo derrubado,
Caçando com o Velho Astado!

Facas através da pele brilhando,
Conforme a carcaça vai separando;
Então cavalgam para o bosque afastado,
Caçando com o Velho Astado!

Fogos são acesos para o assar,
Chifres levantados para brindar;
Todos os caçadores celebram seu anfitrião amado
Nosso Deus da caça, o Velho Astado!

Vamos elevar nossas taças bem alto neste evento,
Sob o céu de um outubro completamente cizento,
E em voz ruidosa todos dão um brado
— Para você, ó, Velho Astado!

Canção das Estações
Palavras de Arnold Crowther

Nós vamos cavar, lavrar, revolver e semear
É melhor fazer à luz da Lua como você deve imaginar,
Rezamos à Deusa para fazer as sementes crescerem, ô
Cantando: too rali oo rali oo rali o.

Nós preenchemos os sulcos, e as sementes abaixo podemos encontrar,
Com paciência vamos esperar que elas germinem devagar,
Então, de repente, as sementes começam a crescer; ô
Cantando: too rali oo rali oo rali o.

O Sol brilha sobre elas, todas estão bem animadas,
As plantações do campo estão crescendo alinhadas,
Elas despontam sobre a terra e todos começam a aparecer; ô
Cantando: too rali oo rali oo rali o.

Pegamos nossas vassouras e dançamos em volta do campo a sorrir,
Isso faz os prados frutificar e produzir,
Quanto mais alto saltamos, mais eles crescem; ô
Cantando: too rali oo rali oo rali o.

E depois vem a colheita quando todas as coisas maduras estão,
Nós honramos a Deusa com música, tambor e flauta então,
Bem como colhemos as colheitas antes de chegar a neve; ô
Cantando: too rali oo rali oo rali o.

Então, louvada seja a Deusa que faz tudo crescer,
E nos dá a alimentação pela qual vamos sobreviver;
Rendemos nossa adoração à Ela antes que se vá, ô
Cantando: too rali oo rali oo rali o.

O Velho Cornífero retorna com o inverno crescente
Quando as noites são longas e escuras completamente,
E todo a terra está coberto de neve; ô
Cantando: too rali oo rali oo rali o.

Então, rendemos-lhes homenagens e também brindamos
E que ele não torne o inverno severo esperamos
Com a primavera, a Deusa voltará, sabemos; ô
Cantando: too rali oo rali oo rali o.

Oração à Deusa
Por Patricia Crowther

Ó Mãe de todos os vivos,
Derrama tua reserva de coisas maravilhosas.
Ajude teus filhos a te conhecerem em todos os teus caminhos;
Dê-lhes visão e sabedoria na senda da vida.
Que não lhes falte fé e constância,
E que possam saber que tu és uma parte deles,
Como eles são de ti.
Conceda-nos tua bênção... Ó, Doce Deusa,
Que por nossa adoração tu sejas para sempre reverenciada.

Minha Lei
Tieme Ranapiri

O sol pode estar oculto sob as nuvens, mas lá ainda vai estar
Irá fazer seu curso até que o seu Ciclo possa executar.
E, quando no caos, o sistema é arremessado
Novamente o Construtor fará um novo mundo reformulado.

Seu caminho pode estar nublado, e seu destino incerto ser:
Siga em frente – pois sua órbita está fixa em sua alma a crescer.
E embora isso possa levar à noturna escuridão,
A tocha do Construtor lhe dará nova luz então.

Você foi. Você será! Você é, saiba disso exatamente:
Seu espírito tem viajado todo esse tempo longamente.
Ele veio da Fonte, e à Fonte retornará
A Centelha que foi iluminada eternamente queimará.

Dormiu em uma joia. Em uma onda ele pulou.
Vagou pela floresta. E da sepultura se elevou.
Por longas eras e anos aparências alheias assumiu
E agora, na alma de si mesmo, ele se exprimiu
De corpo em corpo, seu espírito corre.

Procura uma nova forma sempre quando a antiga morre.
E a forma que encontra é o tecido que você forjou,
A partir da fibra que o tear da Mente pensou.

Conforme o orvalho se eleva, para que a chuva possa baixar
Seus pensamentos se afastam e no Destino vão se misturar
Você não pode escapar deles, quão pequenos ou grandes possam parecer
Sejam maus ou nobres, eles moldam o destino do seu ser
Em algum lugar de algum planeta, em algum momento
E de alguma maneira, sua vida refletirá seus pensamentos
Sobre o seu Agora de forma certeira.

Minha lei é infalível, nenhum sangue pode expiar
A estrutura que você construiu viverá sozinho, nisso pode acreditar.

De ciclo em ciclo, através do tempo e do espaço
Suas vidas com seus anseios sempre seguirão um passo.
E tudo o que você pede, e tudo o que desejar
Como a chama do fogo vai se manifestar
Uma vez que atenda a essa voz e tudo seja finito
Sua vida será a Vida do Infinito.

Na corrida apressada, esteja consciente de fazer uma pausa
Com amor pelo propósito e amor pela Causa.
Você é seu próprio Diabo, você é seu próprio Deus, então.
Foi você que criou os caminhos que seus passos trilharão
E ninguém pode salvá-lo do erro ou de ser pecador
Até que você tenha ouvido o Espírito interior.

Atribuído a um Maori

Patricia Crowther (Foto: Gwion)

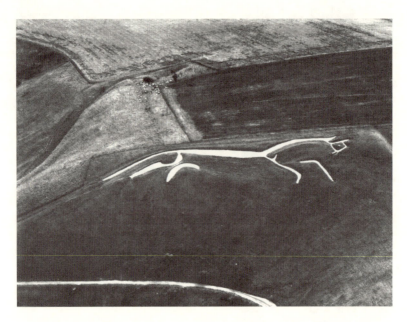

O Cavalo Branco de Uffington, Berkshire. *(Com permissão da Aerofalms Limited)*

Cavalo e Cavaleiro. Fundida em aço inoxidável de Sheffield por Scrata, esta estátua foi criada por David Wynne e inspirada no Cavalo Branco de Uffington. *(Foto: J. Edward Vickers)*

Fazendo Magia | 89

A Deusa da Pedra, descoberta em 1976 em Castleton, Derbyshire.
(Cortesia de Peter Harrison. Foto: Edward Vickers)

Um vaso representando o Homem Verde, o Deus das Bruxas das florestas.
(Coleção da Autora. Foto: Edward Vickers)

O Homem Verde da Abadia de Fountains, Yorkshire.
Aparentemente é a única fotografia conhecida. *(Foto: John H. Cutten)*

O Gigante de Cerne, Cerne Abbas, Dorset. *(Com permissão da Aerofilms Limited)*

O chalé em St. Albans, Hertfordshire, usada por Gerald Gardner como covenstead. *(Coleção da Autora).*

Off to the Sabbat (Saindo do Sabbat),
uma pintura de Gerald Gardner. *(Foto: J. Edward Vickers)*

Cavaleiro da Jarreteira, um desenho do século 15. *(Coleção da Autora)*

A Deusa da Lua, uma pintura de Arnold Crowther.

A Autora, em traje e pose ritual. *(Foto: Gwion)*

O Local Sagrado

Pode ser a sua intenção trabalhar ao ar livre em ocasiões em que o tempo permite! Neste caso, não seria uma boa ideia ficar "vestido de céu"[10], especialmente no clima britânico. A maioria das Bruxas usa uma túnica quente e encapuzada sobre as roupas para essas reuniões, o que é a coisa mais sensata a se fazer.

A túnica geralmente é amarrada na cintura com um cordão ou com um cinto, o que impede a penetração do ar frio e também mantém a roupa no lugar. Um manto não serviria para o mesmo propósito, pois pode se soltar durante qualquer movimento, o que certamente será perigoso se houver fogo por perto.

Por falar em fogo, um excelente dispositivo para possibilitar o uso de velas ao ar livre é uma lanterna de camping. Ela possui quatro painéis de vidro para proteger a chama e pode ser utilizada para marcar os quatro pontos.

Um ritual desse tipo geralmente envolve alguns problemas consideráveis para organizar, mas, acredite, vale a pena. Uma noite de verão sob a Lua cheia, com toda a natureza ao seu redor e a terra sob seus pés é uma sensação maravilhosa para um Sabbat ou um Esbat.

---

10. N.R.: em nudez ritual.

A primeira coisa a ser feita é encontrar o seu próprio local em particular. Um mapa da Ordnance Survey[11] fornecerá a localização de lugares sagrados e círculos de pedra em sua área. Uma visita ao local escolhido à luz do dia é essencial para ver se é adequado e também para encontrar a melhor maneira de chegar até lá à noite, descobrir quanto tempo levaria para chegar com segurança no escuro e para observar a superfície do solo. Se houver desníveis e pedras que possam atrapalhar ao redor, isso pode resultar em um tornozelo torcido ou em algum outro acidente. Portanto, certifique-se dessas coisas antes de decidir escolher um lugar. Há de se observar também a sensação que o lugar transmite e as vibrações que lhe dirão se foi ou não visitado por pessoas menos bem-intencionadas.

Pode haver um bosque local que tenha uma clareira ou espaço livre no centro, que não precisa necessariamente ser um círculo. Você pode estar em unidade com os poderes da natureza em qualquer lugar do interior.

As colinas e os lugares altos eram considerados sagrados em parte por causa da subida, que pode ser realizada tanto física quanto mentalmente! Certamente existem muitas imagens de colina que substanciam essa ideia, muitas contendo um recorte redondo no terreno acima delas, que, em alguns lugares, o povo do campo considera assombrado ou no mínimo estranho. Provavelmente porque eles foram usados nos tempos antigos e ainda preservam o poder.

Sabemos que as pedras carregam memória e armazenam energia, como testemunha o trabalho de TC Lethbridge, dentre outros. Os radiestesistas tocam certas pedras e recebem uma espécie de choque elétrico delas.

Procure lugares com nomes antigos que se relacionam com os Deuses Antigos. A lembrança do folclore de um lugar muitas vezes é apagada e seu nome leva você na direção certa.

Diz-se que a maioria das colinas é formada sobre as Linhas Ley, ou onde certas energias terrestres se fundem. Estes incluem, o White Horse em Uffington, Berkshire; o Gigante de Cerne, em Cerne Abbas, em Dorset e o Long Man, de Wilmington, em Sussex.

---

11. N.R.: do Serviço Cartográfico Britânico.

Claramente perdemos muitas dessas figuras ao longo dos anos. Lethbridge nos conta como ele ajudou a escavar algumas figuras nas colinas em Wandlebury, perto de Cambridge. Eles encontraram pelo menos três delas, uma dessas figuras, da Deusa Mãe – Ma Gog – era retratada aparentemente sentada em um cavalo branco. Ela tinha mais de dois seios, ecoando Diana de Éfeso, a de muitos seios. As colinas ao redor de Wandlebury são lisas e arredondadas, parecidas com Paps of Anu, na Irlanda e as Cailleach Paps, em Jura.

Existe uma situação semelhante no topo do Wilmington Long Man. É uma subida difícil até o topo, mas é ideal como local de trabalho. Um buraco de terreno plano, com duas pequenas colinas na parte de trás, sugere que foi feito pelo homem à imagem da Mãe Terra.

Meu marido, eu e alguns amigos Bruxos, tivemos alguns Esbats agradáveis lá em cima. Na última ocasião, alguns anos atrás, a cerimônia resultou no seguinte poema, que escrevi imediatamente ao acordar no dia seguinte. Daí o seu título:

Despertar

Você e eu, durante muito tempo possivelmente,
Andássemos juntos com músicas ocultamente,
E adorássemos o Um, o Único dos Três,
Entre árvores de carvalho, freixo e sorveira outra vez.

Talvez tenhamos dançado até o amanhecer ter se elevado,
E todos os pássaros alegremente terem despertado;
Talvez tivéssemos conhecido os segredos sábios,
Para agitar o sangue e alcançar os céus abençoados.

Poderia ser verdade que tenhamos nos encontrado
Outra vez na rede de Nêmesis em dourado
Para mais uma vez o fosso escuro afastar,
E nos dar sentido a ele conquistar?

Quando se comunica com as forças da vida, especialmente em um local sagrado, muitas vezes isso tem o efeito de evocar alguma forma de arte criativa. Um amigo meu pintou quadros psíquicos muito bonitos depois de uma dessas reuniões.

É lamentável que a maioria dos lugares conhecidos esteja agora fora dos limites de tais atividades. Stonehenge, Arbor Low e o Rollright Circle agora estão inacessíveis, pois a Agência Governamental teve que erguer cercas e barreiras ao redor deles por causa do vandalismo nos últimos anos.

O círculo de Rollright era um local de encontro regular para Bruxas até recentemente, quando um grupo de adolescentes atearam fogo em uma das pedras. Agora a admissão é confinada a determinadas horas do dia.

Falando sobre Rollrights, descobri por experiência própria que o grupo de pedras conhecido como Whispering Knights[12], frequentemente fornece respostas para suas perguntas. Elas são recebidas psiquicamente, é claro, mas "falam", e em termos práticos, sua atmosfera é única.

Foi sugerido que eles originalmente tinham uma pedra angular e a estrutura era usada pelo vidente local, o que explicaria sua receptividade. Obviamente, a abordagem dessas pedras deve ser de completa fé e reverência, sendo qualquer oferta dada em confiança e amor.

Foi durante uma viagem no mesmo distrito que um amigo me levou para ver um túmulo megalítico. Era uma câmara funerária que havia caído ali há muito tempo e estava cercada por arbustos e juncos amarelos brilhantes. Nós andamos em volta e de repente vi uma figura desenhada no solo claro e arenoso. Era de proporções humanas, com o que parecia ser um chapéu de abas largas na cabeça. O rosto estava marcado com um sorriso e ficamos surpresos ao ver que era um hermafrodita, com um falo e seios femininos. Nas proximidades, encontramos algumas espigas de milho retorcidas, dobradas em direção à figura e enfiadas entre as pedras para mantê-las firmes.

Deduzimos que era algum tipo de magia da fertilidade, pois a figura tinha atributos masculinos e femininos. Isso se conecta a algumas estátuas dos Deuses Antigos, que foram retratadas da mesma maneira para representar a dualidade da Divindade. Havia também o chapéu, semelhante ao usado pelo Mago, no Tarô. Entre outras coisas, esta carta equivale a Áries, o início da Maré da Ativação (consulte As Marés mais adiante). Nossa suposição pode ou não ter sido a correta, mas essa descoberta mostra a continuação da magia no coração da Inglaterra rural!

---

12. N.R.: Cavaleiros Sussurrantes.

No topo da Trendle Hill, em Dorset, está a enorme figura do Gigante de Cerne. Com aproximadamente 25 metros de altura e 14 metros de diâmetro, ele fica com a clava e o pênis eretos, desafiadoramente, sem embaraço. E, no entanto, a figura fornece uma aura de paz e bem-estar com a mão esquerda estendida e aberta de forma acolhedora.

Uma lenda local diz que casais com dificuldade para ter filhos devem subir a colina de noite e fazer amor no falo dele. Eu ouvi vários exemplos de que esse ato é eficaz!

Contam também que duas freiras pediram a um fazendeiro local o caminho até o Gigante. Sua resposta à pergunta foi: "Não adianta tentar engravidar até a primavera!".

Um ex-clérigo do Cerne de Abbas ficou ofendido com a franqueza sexual do Gigante e tentou fazer com que essa parte de sua anatomia desaparecesse. Mas ele recebeu tanta oposição do povo dos distritos vizinhos que desistiu da tentativa. "Se você fizer isso, nossas colheitas irão falhar", disseram a ele.

Sempre havia um festival folclórico à cada primavera no topo do Gigante, com as danças tradicionais do Mastro de Maio, até que o clero local conseguiu bani-lo. Eles eram da opinião de que havia um comportamento desregrado demais na celebração!

O açoitamento dessas figuras nas colinas acontecia à cada sete anos. Sete é o número de coisas espirituais. No White Horse, perto de Uffington, uma velha balada de Berkshire era cantada enquanto a atividade estava em andamento:

A coruja White Horse quer os seus direitos,
E o Escudeiro prometeu muita alegria;
Vamos polir para dar forma,
E isso vai durar muitos anos.

Era uma ocasião e tanto, depois da limpeza, o senhor do feudo dava um banquete e entretinha os trabalhadores. De fato, era seu dever fazê-lo. Havia também uma feira e todos os tipos de atividades esportivas que duravam quase uma semana.

Os cavalos brancos sempre foram sagrados para a Deusa Mãe, que muitas vezes assumia o aspecto de uma Deusa equina nas ilhas britânicas.

As pessoas em inglês chamam os maus sonhos de *nightmares*[13]. Os pesadelos ocorrem quando os aspectos ocultos e obscuros da mente, que são armazenados no subconsciente, são liberados algumas vezes durante o sono. A mente subconsciente se liga à Anciã ou a Bruxa da Lua Negra, que guarda os pensamentos mais profundos, às vezes até mesmo sinistros.

Passando às coisas mais agradáveis, as ferraduras são consideradas afortunadas desde os tempos antigos, principalmente por causa de sua forma simbólica da Lua crescente e dos sete pregos com os quais estão presas.

As moedas da Idade do Ferro retratam um cavalo com uma Lua crescente acima, já na caverna Pin Hole, em Derbyshire, foi encontrado um pedaço de osso que mostra um homem usando uma máscara de cavalo.

A amazona Godiva, uma moça jovem e virgem, montava um cavalo branco no Festival da Primavera. O branco, sendo um símbolo de pureza, poderia ser uma das razões da santidade desse animal. Um fato curioso é que o povo britânico sempre se recusou a comer carne de cavalo, mesmo quando a comida era escassa.

O excelente contorno do Cavalo de Uffington foi feito com apenas cinco linhas, com muita precisão, como se tivesse sido desenhado em estêncil. Seu efeito é de beleza, conforme ele salta aos olhos no campo. Poesia pura!

O Cavalo Branco tem cerca de 3.000 anos e o estranho é que ele – e também outras figuras da colina – só podem ser vistos em perspectiva apropriada, admirados de cima! Toda a área ao redor é rica em lugares e lendas estranhas. Dizem que ficar de pé sobre o olho do cavalo (uma grande pedra achatada), e girar três vezes enquanto faz um desejo, traz boa sorte. É bastante evidente que as superstições locais são os remanescentes de algum conhecimento antigo. Guy Underwood diz que todas essas figuras foram levantadas em locais onde as linhas geodésicas da energia da Terra, ou as Linhas Ley, convergiam. E ele também diz que o olho do cavalo é colocado exatamente acima de uma fonte oculta!

---

13. N.R.: devido à terminologia *mare* (égua) estar na composição da palavra pesadelo em inglês, muitas pessoas assumiram uma conexão entre ambos. Na verdade, a palavra *mare* em *nightmare* é uma sobrevivência de outra palavra encontrada no inglês arcaico para nomear um espírito que, acreditava-se, perturbava as pessoas durante o sono e não à égua em si.

Por trás do desenho há uma grande colina, e não muito longe, no vale, existe um grande monte artificial chamado Dragon's Hill. A atmosfera da área é idealmente expressa na "Balada do Cavalo Branco", de G. K. Chesterton, que começa assim:

Antes que os Deuses, que fizeram os Deuses
Tivessem visto o nascer do sol passar,
O Cavalo Branco do Vale do Cavalo Branco
Foi talhado na grama.

Antes que os Deuses, que fizeram os Deuses
Tivessem bebido ao amanhecer,
O Cavalo Branco do Vale do Cavalo Branco,
Já era antigo na colina.

Era além das eras nas terras britânicas,
Tempos e tempos se passaram,
Havia paz e guerra nas colinas ocidentais,
E o Cavalo Branco observava...

É bem possível que as Bruxas dos tempos antigos soubessem dessa energia da Terra e de seus efeitos, porque muitos locais antigos estão associados a elas, como, por exemplo, o famoso Pendle Hill, o campo de estampagem das Bruxas de Lancashire, e Chanctonbury Ring, em Sussex, um conhecido ponto de encontro de Bruxas do passado e do presente. Bredon Hill, perto de Tewkesbury, é outro desses lugares. Essas colinas eram sagradas e provavelmente eram os centros esotéricos da Antiga Religião.

Michael Dames fez uma contribuição inestimável para esse assunto, que é apresentado em seus dois livros *The Avebury Cycle* e *The Silbury Treasure*. Aqui está alguém que olhou para esses dois monumentos com outros olhos que não os de arqueólogos e examinadores anteriores. Silbury Hill é o maior monte artificial da Europa Ocidental e foi escavado em vários períodos da história na esperança de se encontrar uma tumba real! Em 1723, o antiquário William Stukeley contratou um trabalhador local para manter os olhos abertos para qualquer coisa de interessante enquanto algumas árvores estavam sendo plantadas na colina. Eles encontraram um túmulo logo abaixo da superfície, mas Stukeley o descartou como sendo o lendário corpo do rei Sil, cuja tumba deveria estar em Silbury. Escavações subsequentes foram feitas pelo duque de Northumberland, em 1776; John Merewether, decano de Hereford em 1849; Sir WM Flinders-Petrie em 1922; Dr. F. R. McKim, em 1959, e, por último, mas não menos importante, o professor RJC Atkinson e a BBC 2 em 1967.

Pelos comentários de Michael Dames, todo o interesse em Silbury estava limitado a uma síndrome patriarcal de herói/tesouro. Ninguém jamais concebeu a possibilidade da colina ser outra coisa senão a sepultura de um rei guerreiro com um tesouro escondido. Mas Dames mostra que Silbury Hill é uma exata representação da Grande Deusa, toda a área tendo sido erguida e organizada para representar esse fenômeno. A colina em si é sua gravidez, enquanto o fosso ao redor descreve seu corpo! Seu livro sobre Silbury inclui fotografias que comprovam essa descoberta em termos inequívocos. E a figura completa é expressa exatamente da mesma maneira que as estátuas de pedra da Deusa da arte neolítica, na forma de uma mulher agachada, prestes a dar à luz. A Deusa de Silbury tem cerca de 4.000 anos e pode ser ainda mais antiga que isso.

Dames sugere que as pessoas se reuniam para assistir à Deusa dando à luz. Isso acontecia na época de Lammas, quando se diz que a Terra está em trabalho de parto, com a Lua como o indicador do processo sagrado, seus movimentos cobrindo toda a representação com precisão geométrica.

A colina foi feita como uma grande teia, construindo um cume e um recorte no topo, que Dames liga ao simbolismo útero/olho dos povos neolíticos, refletindo o olho da inteligência e o olho do nascimento.

Quando a Lua incide no fosso, a "criança" nasce, com o disco lunar aparecendo como a "cabeça" na água. Há também uma ligação astronômica e geométrica com Avebury, que é intrigante em suas implicações.

A Lua de Lammas é a primeira Lua cheia após o quarto de dia solar, e é provavelmente o momento em que a construção da colina foi iniciada. Esta teoria é apoiada pelo fato de que formigas aladas que voam em agosto foram encontrados em seu núcleo.

Você vai notar a repetida ocorrência do nome Nove Donzelas ou Nove Damas, dado a círculos de pedra em toda a Terra. Mais uma vez, o número de pedras se liga ao número da Lua e aos três aspectos da Deusa, cada aspecto presidido por três mulheres. Uma teoria que foi apresentada sugere que três mulheres cuidavam do Fogo Sagrado no Círculo: três procuravam combustível para alimentar o fogo, enquanto as três restantes descansavam. O fogo nunca podia ser extinto, pois fornecia calor, mantinha animais selvagens na baía e era um meio de cozinhar o alimento. Deuses e homens viviam muito próximos uns aos outros nos tempos antigos e não se pensava em manter a religião separada da vida cotidiana. É por isso que os símbolos de Bruxaria geralmente incorporam um uso prático e religioso de artefatos como a forquilha, a ferradura, o caldeirão e a vassoura.

Lugares como encruzilhadas ou onde os três caminhos se cruzam sempre foram relacionados às Bruxas e a seus rituais. A Deusa como Dea-Triformis das Encruzilhadas, Hécate Triformis ou as Três Senhoras da Grã-Bretanha eram frequentemente presenteadas com prendas ou ofertas deixadas em tais lugares. Os atenienses faziam um jantar público todos os meses, que era organizado onde três caminhos se encontravam.

Caso encontre um lugar assim no campo, tenha muito cuidado para que um motorista não passe por cima de você. O tráfego de hoje é muito diferente daquele que envolvia o cavalo, a carroça e as carruagens no passado.

Falar em encruzilhada me faz lembrar a famosa Bruxa Irlandesa Lady Alice Le Kyteler, porque os registros de seu julgamento, em 1324, mostram que ela realizou certos rituais nesses locais.

Dizem que Kyteler sacrificou nove galos vermelhos e nove olhos de pavão que ela ofertou em uma encruzilhada para um espírito chamado Robin Filius Artis (Robin, Filho da Arte). Lady Alice e seu Coven também tinham uma "viga de madeira" chamada de rellha, que depois de esfregá-la com um unguento mágico, podia ser usada para voar para qualquer lugar que escolhessem!

Também é relatado que ela se envolveu em atos de magia solidária. Uma delas foi a varredura das ruas de Killkenny, durante o Compline[14] no crepúsculo, varrendo toda a sujeira à porta do seu filho, murmurando secretamente para si mesma:

Para a casa de meu filho William,
Caminha toda a riqueza da cidade de Kilkennie.

---

14. N.R.: também conhecido como *Complin*, Oração da Noite, ou as orações no fim do dia, é o serviço final igreja (ou escritório) do dia na tradição cristã de horas canônicas. A palavra em inglês *compline* deriva do latino *completor*, pois compline é a conclusão do dia útil.

Compline era o último culto religioso do dia, mas observe o número nove novamente no ritual que ela fez. Os olhos do pavão eram provavelmente as penas da cauda dessa ave, que há tempos foi associada à magia e considerada por alguns como de má sorte. Os desenhos nas penas certamente se parecem com olhos reais e têm uma beleza estranha que lhes conferem influências misteriosas. Diz-se que Robin Artisson era o amante de Dame Alice, então ele dificilmente poderia ter sido um espírito no sentido real da palavra. O Coven inteiro contava com treze pessoas, o que novamente mostra a autenticidade e a idade das cerimônias de Bruxaria.

Este foi o primeiro julgamento importante de Bruxas da Irlanda e eu o mencionei aqui devido a uma curiosa informação que me deparei alguns anos atrás.

Lady Alice era uma mulher de alto status social, com muitos apoiadores influentes. Ela conseguiu, com a ajuda deles, fugir para a Inglaterra, onde nada mais se ouviu falar dela. Mas em um livro de lendas de Yorkshire, publicado por Dalesman, li que em Clapdale Hall (outrora Clapdale Castle) morava um tal John de Clapham e, nas proximidades, aos pés de Trow Gill, havia uma pequena cabana onde morava uma certa Dame Alice Ketyll, sua mãe adotiva. Devido à má sorte de John de Clapham, diz-se que ela invocou o Diabo e que, por Robin Artisson, ela seria seu espírito íntimo. Alice prometeu varrer a velha ponte de Clapham durante o Compline no início da noite. E, então, começou a varrer toda a poeira em direção ao castelo com as seguintes palavras:

Na casa de meu filho John,
Caminha toda a riqueza de Clapham Towne.

Além disso, a lenda conta como ela pegou nove galos vermelhos recém-mortos e os arrumou em forma de anel ao seu redor, na ponte!

Depois de ler esse relato, escrevi para os editores do livro e eles me disseram que era uma coleção de lendas e histórias do condado, reunidas de várias fontes. Então eu coloquei um anúncio na *revista Dalesman* pedindo informações sobre Clapham em Craven. Recebi devidamente uma carta de um descendente da família Clapham, que me falou de um Thomas Clapham que se casou com Elizabeth More, de Otterburn. Sua mãe, Thomasine, era filha de Sir Peter Mauleverer, e Elizabeth herdou a fortuna da família. Havia quatro filhos do casamento, o mais velho era

John de Clapham. A data de seu nascimento foi por volta de 1327. Por isso, se de fato a Lady Alice Ketyll de Clapdale e a Lady Alice Le Kyteler que fugiu para a Inglaterra são a mesma pessoa, resolvemos o mistério do seu desaparecimento!

Clapham, em Craven, fica a apenas trinta quilômetros da costa Oeste e do mar da Irlanda e está enterrado nas profundezas de um país coberto de árvores. Se a lenda de Clapdale é verdadeira, Dame Alice pode ter chegado lá no momento do nascimento de John e, no devido tempo, tornou-se sua mãe adotiva. Observe que ela não morava em um palácio, mas em uma pequena cabana na floresta, onde podia estar longe de olhares inquisitivos.

Em *Brigantia*, de Guy Ragland Phillips, é feita menção ao Priorado de Bolton, onde a família Clapham foi enterrada de forma vertical! Phillips também escreve sobre o tempo em que a BBC estava fazendo um filme na área. Dois integrantes da equipe ficaram em Clapdale Hall, que estava abandonado, e ouviram a tradição de alguns cavaleiros dos Claphams. A história era que eles haviam sido enterrados de pé, com suas armaduras completas, embaixo do próprio salão.

Usando um detector de metais, eles descobriram que o aparelho definitivamente reagia em uma parte do chão. Um certo Sr. Wooding, o operador, foi subitamente tomado por um sentimento de terror, como uma presença maligna, e fugiu da casa para cair exausto a vários metros de distância. Phillips diz que a população local tem medo do palácio, o que parece apontar para algum tipo de atividade mágica ligada à família Clapham no passado. Talvez Lady Alice tenha sido ajudada e protegida por sua própria espécie! (Para um relato completo do julgamento de Kyteler, veja *Enciclopédia da Bruxaria* de Doreen Valiente.)

Em seu livro, Phillips descreve a área de Brigantia nos tempos antigos, como se alastrando de Wash para Dumfries. O conjunto de "Brigantia" é coberto por inúmeros locais sagrados que, literalmente, apimentam o vasto terreno. O livro também fornece os alinhamentos das Linhas Ley, um dos quais termina na Abadia de Whitby.

O Homem Verde está muito em evidência no Norte da Inglaterra: uma das representações mais bonitas é a cabeça de pedra na Abadia de Fountains, com galhos saindo da boca, enquanto em Hutton-in-the-Forest, perto de Penrith, há uma escultura semelhante feita acima de uma nascente antiga. Figuras de Deusas são abundantes também, algumas, pouco conhecidas, foram descobertas por Philips.

Outras expressões do homem primitivo no Norte da Inglaterra incluem a Pedra Swastica, Ilkley Moor; a Pedra da Árvore da Vida, Snowden Carr; Brimham Rocks, Nidderdale; Jenny Twigg e sua Filha Tib e os imensos menires fálicos de Boroughbridge e Rudston.

As Brimham Rocks são formas fantásticas, seus grandes volumes se equilibram em pedestais minúsculos e acinturados, com marcações estranhas em suas bases. Elas descansam nas Linhas Ley e a mística do lugar o marca como um local antigo. A população local os admiram há muito tempo; pensa-se que as rochas abrigam um espírito amigável e conhecido como o Filho das Rochas.

Em Fountains Moor, duas grandes colunas, que mais parecem gigantescas capotas amplas, reinam supremas. Essas rochas são chamadas de Jenny Twigg e sua Filha, de Tib – muito apropriadamente, eu acho. O nome Jenny tem muitas associações com lugares pagãos em Yorkshire e era, provavelmente, um antigo sinônimo da Deusa nessas partes.

Gardner teve a solução ideal para o problema de encontrar um local adequado. Ele comprou uma antiga casa de campo em Buckinghamshire e a transportou, com alguma privacidade, por uns bosques particulares perto de St. Albans, dos quais ele era também proprietário. Gerald a usou solenemente como local de reunião para seu Coven, e a atmosfera entre as árvores ao redor não poderia ter sido melhor. Certa vez participei de uma reunião lá, muitas vezes me pergunto se ela ainda é utilizada pelo Coven local.

Desejo-lhe sorte em encontrar seu próprio lugar especial; mas lembre-se de deixá-lo intacto e, se precisar acender uma fogueira, use o caldeirão por segurança.

As Marés

O Sol e a Lua exercem um grande efeito sobre a Terra. O mesmo ocorre com os planetas, cada um refletindo uma virtude e uma influência peculiar a eles mesmos. Para obter o máximo efeito dos Ritos Planetários, é vantajoso executá-los no melhor momento, ou seja, quando os Poderes da Vida estão "do seu lado", por assim dizer. Também existem momentos para aumentar a potência e outros para absorver a energia.

Existem muitos aspectos que podem ser observados, mas aqui estão os principais.

- ❂ Uma compreensão sobre as Marés Sazonais.
- ❂ O planeta de um rito em particular deveria estar em um bom aspecto.
- ❂ A Maré Lunar deveria ser favorável.
- ❂ Períodos Planetários devem ser observados.

As Marés efetivas no Plano físico também são efetivas no Plano Astral e na Luz Astral. Assim, veremos o quanto é importante trabalhar com elas.

É desnecessário informar aos membros da Arte sobre as vantagens de se trabalhar com os poderes da Natureza, pois, além de compreender esses fenômenos hoje em dia, pode-se provar que os seguidores da Antiga Religião nos tempos antigos também os conheciam. Como? Simplesmente observando os tempos dos quatro Maiores Sabbats: Beltane, Lughnassadh, Samhain e Oimelc ou Imbolc.

Como será visto no diagrama de "A Roda das Bruxas", eles ocorrem exatamente entre os solstícios e os equinócios, ou assim deveria acontecer! Os solstícios e equinócios são fixados por fenômenos naturais, isto é, pelos dias mais longos e mais curtos e pelos dias e noites de igual duração, respectivamente. Esses tempos são conhecidos como Sabbats Menores, sendo adotados como festivais muito mais tardiamente que os Sabbats Maiores, e eram, principalmente, momentos de diversão e não de magia.

Os solstícios celebravam naturalmente o Sol e sua elevação e declínio. O Equinócio da Primavera representava o novo começo: o retorno de Eostre. O Equinócio de Outono anunciava a aproximação do inverno, a última aventura antes da chegada do Grande Caçador!

O mesmo é verdade para os fenômenos naturais. Mas com a mudança do calendário antigo para o novo calendário Gregoriano, doze dias foram perdidos. Portanto, as datas atuais para os Sabbats Maiores, 30 de abril, 1 de agosto, 31 de outubro e 2 de fevereiro estão doze dias atrás do antigo calendário.

Eles também ocorrem antes do pico das marés sazonais, que estão a 15 graus dos signos fixos do Zodíaco. O ritmo das marés pode ser calculado casualmente tendo em conta que o Sol "viaja" 90 graus desde o Equinócio da Primavera até o Solstício de Verão. No meio do caminho, a 45 graus, encontramos Beltane a 15 graus de Touro, cuja data seria 12 de maio. Lughnassadh, a 15 graus de Leão, fica por volta de 14 de agosto; Samhain a 15 graus de Escorpião, em 12 de novembro e Oimelc a 15 graus de Aquário, aproximadamente 14 de fevereiro[15].

Essas datas ainda estão alguns dias atrás das antigas, mas obviamente, levando em consideração o grande período de tempo entre elas, essa pequena discrepância pode ser explicada. Certamente, as datas antigas

---

15. N.R.: essas datas se referem ao Hemisfério Norte. No Brasil é necessário fazer a conversão das datas para representar a realidade das estações no Hemisfério Sul. Portanto, as datas adaptadas para o Brasil seriam: 12 de novembro para Beltane, 14 de fevereiro para Lughnasadh, 12 de maio para Samhain e 14 de agosto para Oimelc.

parecem ser as mais precisas[16] e muitos Covens ainda aderem a elas como sendo as mais verdadeiras para a realização dos Grandes Sabbats.

Esse poder sazonal é transformado e modificado pelos quatro signos fixos do Zodíaco; ou, melhor dizendo, os signos mostram de que maneira o poder está sendo ativado.

Em Touro, a energia está fixada na própria Terra. Ele está literalmente empurrando a vida para existir – formando-a. Assim, Beltane é o Festival da Vida. Portanto, nos tempos antigos, era a celebração do Casamento Sagrado. Um bom momento para trabalhar com novas ideias e se tornar um verdadeiro indivíduo.

O signo de Leão rege o tempo frutífero e florido: Lughnassadh (ou Lammas), a Terra está em trabalho de parto, entregando sua recompensa com generosidade e amor. Leão rege o coração, portanto, uma chance de ajudar, amar e se comunicar com os outros.

Nos dois festivais restantes, Samhain e Oimelc[17], o poder é negativo e positivo, respectivamente; mas a ênfase está em um nível espiritual. Samhain (Halloween) está em Escorpião, o signo da Morte e da Regeneração. É hora de olhar além do Véu da Vida, buscando a ressonância com o Deus e vínculos com os entes queridos no País de Verão.

Em Aquário e nas emanações Etéreas do Espírito brilha a delicada luz da chama solitária que simboliza a alma. Esse período mais sombrio de reflexão e descanso é Oimelc (Candlemas), o festival da purificação da Deusa Donzela, Brigit, o tempo para receber uma renovação da força espiritual.

---

16. N.R.: aqui a autora está propondo datas alternativas àquelas mais comumente conhecidas e encontradas na maioria dos livros sobre Wicca. Sua teoria, como explicado, baseia-se em que, como alguns dias foram eliminados do ano durante a conversão do calendário gregoriano, as datas atualmente utilizadas para os Grande Sabbats estariam em desacordo com o período em que deveriam ser celebradas em virtude dos graus astrológicos onde tais celebrações devem cair. Assim, utilize as datas mais habitualmente usadas entre pagãos ou as aqui apresentadas pela autora de acordo com aquilo que julgar ser mais coerente. Não existe uma visão patente sobre o assunto.

17. N.R.: no Brasil Oimelc é mais conhecido como Imbolc.

Pode-se ver que há muitas maneiras pelas quais os poderes dos Grandes Sabbats podem ser utilizados. As Marés Sazonais são, de fato, correntes magnéticas que circulam a Terra do Pólo Norte ao Pólo Sul. Elas se fundem e se tornam neutras nos solstícios e equinócios, ou seja, a cada 90 graus. Do Solstício de Inverno ao Solstício de Verão as Marés são positivas. As duas restantes são negativas.

Embora a Maré do Solstício de Inverno ao Equinócio da Primavera seja positiva, esta é ainda uma das mais perigosas para qualquer trabalho ativo de magia, sendo a mais espiritual e adequada apenas para os usos já mencionados.

Você verá que mesmo nas formas de arte Cristãs, os quatro emblemas simbólicos dos signos fixos aparecem frequentemente. Ezequiel, o profeta Bíblico, teve a visão de uma roda flamejante com quatro faces sobre ela. Elas eram as de um homem (Aquário), um touro (Touro), um leão (Leão) e uma águia (o aspecto elevado de Escorpião). O segredo é que os signos de Aquário, Touro, Leão e Escorpião contêm os Quatro Portais da Descida Avatar. Eles são os portais para a liberação do poder cósmico e, possivelmente, podem ser os meios de descer à matéria como um Avatar ou Mestre! O fato de os quatro festivais religiosos mais antigos da Europa Ocidental ocorrerem no meio desses signos do Zodíaco é certamente prova suficiente do conhecimento e da sabedoria de nossos ancestrais.

Em 5 de Fevereiro de 1962, uma ocorrência rara ocorreu no signo de Aquário. Os sete planetas principais, Saturno, Júpiter, Marte, o Sol, Vênus, Mercúrio e a Lua, estavam todos reunidos neste signo. Os astrólogos consideraram este um evento de grande importância. Alguns deles disseram que isso poderia indicar o nascimento de um novo líder espiritual que representaria os ideais da Era de Aquário, especialmente porque a grande conjunção ocorreu no próprio signo de Aquário.

Isso tem ainda mais significado quando se percebe suas implicações ocorrendo em uma das marés mais espirituais, a da Descida Avatar.

Se de fato ocorreu tal nascimento é interessante notar que o novo planeta dominante de Aquário, ou seja, Urano, estava em Leão, o sinal de liderança, naquela data; enquanto Netuno, o planeta místico, ocupava o signo de Escorpião, o signo da regeneração!

Levando a premissa um pouco mais longe, a concepção do nascimento teria ocorrido em Touro, mais um Portal Avatar. Ambas as marés são positivas e há também a estranha conexão com a Antiga Religião. Nos tempos antigos, as crianças concebidas nas festividades de maio nasciam em fevereiro, no Festival de Candlemas ou Oimelc, presidido pela Deusa em seu papel de Protetora do Parto!

Outros astrólogos viam a conjunção como uma indicação do início da Nova Era, embora isso seja contestado por algumas pessoas. Também foi apontado que, como Aquário é o signo "humano" do Zodíaco, esse presságio nos mostrou o caminho que devemos seguir se nosso Planeta e seu povo quiserem sobreviver. Em outras palavras, devemos cessar nossas discórdias e conflitos atuais e nos tornarmos tolerantes com todas as nações. De fato, devemos nos redimir!

Esta "mensagem" também está de acordo com a profecia da Era de Aquário; onde se diz que "todo homem se tornará seu próprio salvador'!".

O próximo ponto importante a ser observado na realização dos Ritos Planetários é verificar se um planeta tem um bom aspecto naquele momento. Isso pode ser verificado com muita facilidade, mas a seguinte lista pode ser útil.

Saturno	Rege Capricórnio; é exaltado em Libra; detrimento em Câncer; queda em Áries.
Júpiter	Rege Sagitário; benevolente em Peixes; exaltado em Câncer; detrimento em Gêmeos; queda em Capricórnio.
Marte	Rege Áries e, por tradição, Escorpião (mais recentemente atribuído a Plutão); exaltado em Capricórnio; detrimento em Libra; queda em Câncer.
O Sol	Rege Leão; exaltado em Áries; detrimento em Aquário; queda em Libra.
Vênus	Rege Touro e Libra; exaltado em Peixes; detrimento em Áries; queda em Virgem.
Mercúrio	Rege Gêmeos e Virgem; exaltado em Virgem; detrimento em Sagitário; queda em Peixes.
A Lua	Rege Câncer, exaltado em Touro, detrimento em Capricórnio, queda em Escorpião.

As Marés Lunares são auspiciosas em tudo, menos na "Escuridão da Lua", a fase que vai desde o final da minguante até o surgimento da próxima Lua nova. O melhor período para trabalhar é quando a Lua está cheia. As fases da Lua nova e o primeiro quarto também são benéficos para iniciar novos empreendimentos mágicos.

Segundo a astrologia, enquanto este livro estava sendo escrito estávamos no Ciclo Aquariano da Era de Peixes, de 1945 a 1981[18]. A regente do ciclo na ocasião era a Lua. Quando isso acontece, dizemos que a Lua trabalha através do signo de Aquário.

A Lua simboliza a *mudança* em todas as suas formas. Houve muitos acontecimentos de influência lunar durante esse ciclo específico. "Igualdade para as mulheres", é o clamor, e não sem tempo! O nascimento do Movimento de Libertação das Mulheres, o renascimento da Antiga Religião, com seu culto às forças femininas da vida personificadas pela Deusa da Lua, são apenas algumas delas.

Uma das realizações mais maravilhosas foi o pouso do homem na própria Lua. Esse sonho milenar foi realizado e uma coisa estranha aconteceu no dia em que o homem pôs os pés na esfera: a Professora Iris Love encontrou um templo da Deusa da Lua, perto do Mar Egeu!

Na Grã-Bretanha, tivemos o Primeiro-Ministro Edward Heath, um canceriano, nascido sob a regência da Lua. Ele nos levou ao Mercado Comum, que reuniu *nove* países ao todo. Para marcar a ocasião, uma nova moeda de cinquenta centavos foi cunhada. A Britannia foi substituída por um círculo de nove mãos unidas. Se você olhar atentamente verá que existem oito mãos masculinas, mas a nona é uma mão feminina, simbolizando o país como uma Mãe!

No ocultismo, nove sempre foi o número da Lua e, recentemente, foi registrado que a Lua mede 2.160 milhas de diâmetro. Somando esses dígitos; eles chegam à *nove*.

Um evento histórico importante também ocorreu neste Ciclo da Lua. É claro que é o fato de termos pela primeira vez uma Primeira-Ministra.

---

18. N.R.: de 2017 a 2052 estaremos vivendo sob a regência do ciclo de Saturno.

Então tivemos, com a Rainha e Margaret Thatcher, duas mulheres nas épocas mais importantes da Grã-Bretanha!

A Lua governa as massas de pessoas, do lar e da família. São necessárias nove luas para um bebê nascer. Os desejos do homem comum anularam e influenciaram as decisões das coisas que estavam estabelecidas em muitos países do mundo inteiro.

Aquário representa os poderes da mente: tolerância, liberdade e reforma. No lado negativo, esse signo do Ar pode ser imprevisível, excêntrico e perverso.

Urano (o regente de Aquário) e a Lua formam uma parceria formidável, os principais traços sendo o ódio por qualquer tipo de controle e uma aversão extrema à convencionalidade. Tudo isso proclamado pela grande conjunção no meio deste ciclo.

Os aspectos finais que podem ser observados são os Períodos Planetários, que se referem à divisão de cada dia e noite da semana em vinte e quatro divisões. Cada divisão é regida por um dos planetas em ordem estrita de sequência.

O planeta pelo qual o dia é nomeado[19] sempre tem precedência sobre os outros. Por exemplo, o primeiro período do sábado é regido por Saturno; o primeiro período da sexta-feira, por Vênus e assim por diante.

Já os horários dos períodos são calculados do nascer ao pôr do sol (o dia) e do pôr do sol ao nascer do sol (a noite) e têm aproximadamente uma hora de duração. Esses períodos podem ser facilmente encontrados pela leitura de uma efeméride respeitável do ano em questão. Se o horário de verão estiver em funcionamento, lembre-se de *tirar* uma hora do horário existente.

Um rito iniciado no período planetário correto pode se sobrepor ao seguinte. Mas isso não diminui sua força, uma vez que é o *início* do rito que lhe dá seu ímpeto. Uma tabela dos períodos está incluída para aqueles que usam as forças planetárias ao máximo (consulte o Apêndice).

---

19. N.R.: em inglês os nomes dos dias da semana estão relacionados com os planetas. Por exemplo: domingo é *sunday* e segunda-feira *moonday*, que podem ser traduzidos literalmente como "dia do sol" e "dia da lua" respectivamente.

A Roda das Bruxas

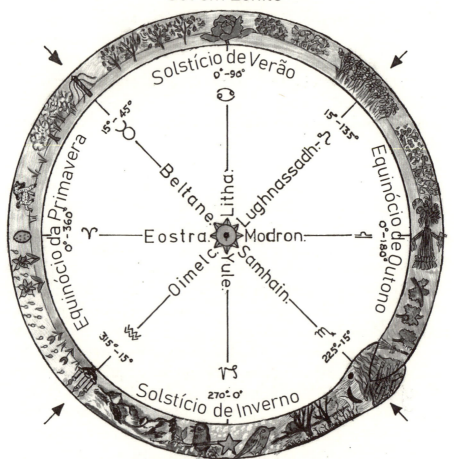

Maré de Ativação (Positiva)
Beltane

Beltane na Maré de Ativação é um excelente momento para realizar trabalhos relacionados à melhoria do eu humano em todos os níveis. Ideias e planos relativos ao desenvolvimento e novos começos ou refinamento do eu espiritual, que se manifesta através do eu físico.

O poder se relaciona com a Terra e as coisas terrenas. Não há nada contra tentar melhorar o lado material, o status de uma pessoa ou mesmo promover ambições por meios mágicos. "Sem a ninguém prejudicar, faça o que desejar!" A palavra para este período é *autocontrole*.

Maré da Consolidação (Negativa)
Lughnassadh

A Maré da Consolidação é um momento para dar e receber. A alegria da generosidade em todos os seus aspectos é exemplificada na Cornucópia da generosidade da Terra, dada livremente e sem condições. Gratidão e amor de seus filhos é tudo o que se pede em Lughnassadh. No "coração" de Leão, trabalhamos para os outros e eles para nós. A palavra é *benevolência*.

Maré de Recessão (Negativa)
Samhain

A Maré de Recessão nos informa sobre a morte. O poder está recuando para o não manifesto. O Festival dos Mortos é comemorado com o Portal de Chifres aberto para receber nossos entes queridos do País de Verão.

Neste momento, damos poder aos Deuses para alcançar um resultado espiritual. Isso é mostrado pela cauda do Escorpião e pelo signo. A palavra é *divinização*.

Maré da Lustração (Positiva)
Oimelc

A Maré da Lustração é a mais escura do plano *material*. Nenhum ato de magia é aconselhável durante essa Maré, pois o poder, embora positivo, é inteiramente espiritual e, portanto, oculto.

A impenetrável escuridão do vazio de Nuit (ou Nada) é acentuada pela chama solitária da Deusa Donzela, Brigit. Esta é a luz da iluminação; portanto, um período a ser dedicado à meditação. A palavra é *purificação*.

Oimelc está no meio de fevereiro, um mês que leva o nome de *Februa* a palavra latina para purificação!

A Dança

A dança é uma das formas naturais mais antigas de alcançar a unificação com o Divino. O ato de dançar permite a livre expressão de todo o ser individual. Toda pessoa pode dançar sozinha, acompanhada ou em grupos, qualquer método é eficaz.

Para o praticante solitário, o movimento se resume a passos leves dados para trás, girando no próprio eixo. A invocação é realizada primeiro. A força invocada eventualmente se funde com a energia do dançarino e produz o resultado desejado. Deve-se reiterar que alguns dos métodos mais fáceis são os melhores, mas a prática é essencial.

A circumambulação é um procedimento que se liga ao padrão do Universo e é, portanto, sólido nos níveis espiritual e físico e carrega correspondências com os átomos, as estrelas e a lenta marcha das estações.

Em um dos seus aspectos na Magia, este é o antigo método de amplificar o poder e mostrar a ele o que fazer. A ação é como um gerador e é a primeira e a última expressão do Círculo Mágico.

A dança pode ser realizada de várias maneiras e por muitas razões diferentes. A Dança Circular, ou do Moinho, geralmente é executada com a intenção de aumentar o poder do corpo e criar *ressonância* entre os membros do Coven. A Dança do Espiral, ou do Encontro, é liderada pela Alta Sacerdotisa, guiando as pessoas em um padrão espiral. Quando eles se cruzam, em determinados chamados, beijos são trocados. No entanto, a Dança Espiral pode ser executada em um nível muito mais profundo.

Ela se liga à antiga dança do labirinto e, à medida que os participantes entram e saem, a intenção é penetrar no Véu da Vida e obter *insights* sobre os Planos Interiores. Esta dança é a chave da morte e do renascimento. Os Bruxos seguram um cordão escarlate que é desenrolado para dentro como se estivesse indo até a morte e além, e depois se enrola de volta ao renascimento e à vida.

No mito de Creta, a Deusa Ariadne usou o mesmo processo para levar Teseu para fora do labirinto. Ela lhe deu um novelo "mágico", que ele desenrolou em sua jornada até o centro do labirinto. Ele matou o Minotauro e, com a ajuda do fio, encontrou o caminho de volta.

Se assumirmos que os mitos são uma mistura de lenda e alegoria, encontramos a mesma razão por trás dessa história maravilhosa: a jornada pela vida até a morte. Mas o homem deve destruir ou conquistar o lado animal de sua natureza (o Minotauro, meio homem, meio touro) para obter a imortalidade. Isso é possível através dos ritos e adoração da Deusa, que mantém o fio da vida.

Um livro fascinante de James Vogh, intitulado *Arachne Rising*, mostra o décimo terceiro signo "perdido" do Zodíaco, como sendo uma Deusa-aranha, a Senhora do Zodíaco. Em todos os grupos místicos de treze pessoas há doze membros e o líder. Na Bruxaria, existem doze Bruxos mais o Sacerdote ou Sacerdotisa, dependendo da época do ano, onde o Deus ou a Deusa está governando. Na Idade Média, o líder era conhecido como o "Homem de Preto", que podia ser homem ou mulher. Assim, no Zodíaco existem doze signos, além da Deusa com seu fio de Vida, Morte e Renascimento!

O jogo antigo de *Nine Men Morris* ou Merelles era realizado em uma estrutura de labirinto e é datado na Idade do Bronze. Embora fosse um jogo, com nove homens vestidos de branco e nove de preto, provavelmente ele evoluiu a partir de uma dança mágica. No ocultismo, nove sempre foi um número atribuído à Lua e as cores branco e preto podem ser conectadas às fases da Lua.

Merelles foi amplamente tocado no distrito de Stratford-upon-Avon. Shakespeare menciona isso em "Sonhos de uma Noite de Verão", Ato 2: 1 –

O curral fica vazio no campo úmido,
E os corvos comem o gado extraviado;

Os Nove Homens de Morris está cheio de lama,
Os labirintos na vegetação,
Por falta de trato, estão indistinguíveis.

O jogo foi reproduzido atualmente como um tabuleiro de xadrez, com peças de madeira para representar os homens.

Para se obter um estado de transe é realizada a Dança do Deus Coxo, feita em um círculo muito lento, com os Bruxos cruzando os braços e unindo as mãos. A performance de Auld Lang Syne poderia ser uma lembrança dessa antiga dança das Bruxas? Especialmente porque é cantada na época do ano em que o Deus da Morte e Renascimento está governando.

A dança é encenada arrastando o pé esquerdo (pé coxo) atrás do direito e movendo-se lentamente, deosil ou no sentido do sol, em volta do círculo. O estado de transe induzido por essa forma de dança é precedido por uma frieza que se eleva no corpo a partir do pé "coxo". Essa frieza eventualmente supera o receptor e produz um transe profundo. A pessoa deve ser observada durante o estado de transe, podendo ser socorrida por um Bruxo experiente, mas não deve ser perturbada, a menos que haja sinais de algum problema. Esta é uma ocorrência muito rara, mas se acontecer, um suave esfregar das mãos e dos pés da pessoa, pronunciando seu nome de maneira suave e continuamente, a trará de volta do transe.

Geralmente, a pessoa em transe terá uma experiência que leva aos planos internos ou mensagens verbais que precisam ser registradas.

Tudo depende do objetivo por trás dessa dança, bem como de quaisquer resultados em potencial. O movimento pode ser acompanhado por um cântico de palavras lentas, invocando o Deus Cornífero e, idealmente, realizado em Samhain (Halloween). Desse modo, é possível fazer contato com os entes queridos falecidos e estabelecer uma comunicação com eles.

As evidências dos julgamentos de Bruxas falam sobre uma "infame" dança de trás pra frente. Isso parece ter sido uma brincadeira abandonada, com duplas em pé, de costas um para o outro, com os braços unidos. Nessa posição, eles pulavam parando ocasionalmente quando um parceiro dobrava as costas, levantando o outro ao ar. Tudo isso era acompanhado por muitos gritos e berros.

O autor de *A Pleasant Treatise of Witches*, diz: "A dança é estranha e maravilhosa, além de diabólica, ao se virarem de costas, elas se abraçam e pelos braços se levantam do chão, depois balançam a cabeça para lá e para cá, como Anticks, e se transformam como se estivessem loucos".

Não se sabe por que o autor considera esse tipo de dança diabólica, mas é interessante lembrar que essa forma de movimento foi usada no início do Rock'n Roll!

Marguerite Marquerie, testemunhando em um julgamento francês em 1669, confirma o que foi dito. O autor descreve da seguinte forma: "De costas e de dois em dois, cada Bruxo tem uma esposa do Sabbat, que às vezes é sua esposa real. Elas foram conferidas a eles ao serem marcados; que, por sua vez, não as trocam. Ao finalizar esse tipo de dança, eles o fazem de mãos dadas com os nossos aldeões..."

Sempre havia música nessas reuniões, geralmente tocada por um violino, gaita ou cítara. Em Somerset está registrado que as Bruxas dançavam ao som de uma flauta ou cítara pelo Homem de Preto. É óbvio que, por todas essas evidências, as Bruxas continuavam com um antigo padrão de adoração e de celebração. A sociedade em geral tinha uma maneira muito gentil de dançar na Idade Média, com os casais se abraçando com braços entrelaçados. Em seguida, apenas as mãos podiam se tocar. Embora não haja intenção mágica nos tipos comuns de dança, em qualquer época, parece muito provável que as Bruxas tenham alguma influência sobre as formas modernas de dança.

Reginald Scott cita Bodin como observação: "essas Bruxas que andam à noite ou melhor, que dançam à noite, trazidas da Itália para a França, aquela dança que se chama La Volta". Pensa-se que La Volta seja a forma original da Valsa, que foi aprimorada com o tempo com a bela música da família Strauss.

A Dança da Fertilidade é outra ideia muito antiga. Ela antecede a maioria das outras e é uma expressão de magia simpática, o conceito de que semelhante atrai semelhante. Ao contrário da opinião popular, geralmente não era realizada para a propagação das espécies, mas para a fertilidade da Terra. Essa dança exigia o uso de um Mastro, que era colocado entre as pernas e usado como um cavalinho de madeira, muitas vezes esculpido na forma de um falo e untado com um unguento especial.

Havia muitos atos de saltos no ar para incentivar as colheitas a crescerem bem alto. Isso pode parecer bobo para as mentes modernas, mas agora se entende que toda a vida vegetal cresce muito melhor com o amor, o cuidado e a atenção humana. A ciência está continuamente substanciando e confirmando coisas que as Bruxas conhecem há milênios.

A Dança do Mastro era definitivamente uma forma de oração, mas também era combinada com uma ação adequada: a antiga ideia de que a energia humana deve se mesclar com a divina para obter resultados positivos.

Deve haver um vínculo estabelecido entre os planos interno e externo, entre o espiritual e o físico.

As danças de fertilidade foram substituídas por costumes e festivais folclóricos. Esses costumes diferem, de acordo com a localidade, mas todos abraçam algum aspecto esquecido da adoração. Existem literalmente milhares de tipos de danças somente na Grã-Bretanha, que são representadas em vários períodos do ano natural e que surgem do inconsciente racial.

Essas danças são melhor realizadas ao ar livre, para que os Bruxos tenham contato direto com a terra sob seus pés. O tempo para seu desempenho é naturalmente no início da Maré de Ativação (consulte o capítulo Marés).

A maioria dos Covens tem seus próprios cânticos e orações para esta dança, mas para aqueles que estão interessados em perseguir ou investigar sua validade, o seguinte canto antigo é incluído:

Tão alto quanto saltamos,
Assim elas crescerão,
Ao redor e ao redor vamos
E ao redor, vamos então.

Saudações à força solar,
À lua vamos aplaudir,
As colheitas vão aumentar ,
O mais alto que permitir.

O Uno é o início,
O Uno é o final certamente,
Pedimos aos Antigos do princípio,
Para que elas cresçam rapidamente.

Os Chamados

O objetivo essencial dos chamados é agitar e acelerar o sangue. Pois sem esses sons, que literalmente emocionam, qualquer trabalho mágico não terá potência.

Os chamados antigos sempre eram lançados ao vento, do topo de uma colina ou de outro local desolado do Coven. Os chamados de invocação eram feitos pelo líder antes do início dos ritos. Eles eram, principalmente, sons de vogais, que foram os primeiros sons que as pessoas emitiram antes de aprenderem a usar os lábios e a língua para formar palavras. Verificou-se que, com o uso dessas invocações primitivas, sentem-se arrepios que literalmente deixam os cabelos em pé. Isso é a evidência de uma conexão entre a Inteligência Divina e as pessoas envolvidas.

Devemos lembrar que, inteligências superiores podem ser contatadas através da *vibração*, e esse é o segredo por trás dos chamados antigos.

Se eles forem entoados corretamente, com todos focalizando mentalmente o Deus ou a Deusa a serem invocados, será feito contato e um fluxo de energia será retornado em resposta no qual os participantes sentirão como uma ressonância peculiar em sua vocalização. Uma vez experimentado, nunca será esquecido, pois o efeito é de alegria e de elevação.

Esse retorno de energia deve ser cuidadosamente controlado pelos líderes do grupo e devem decidir quando essa troca alcançará o máximo para o grupo como um todo. Caso contrário, a conexão mais fraca (pessoa) pode provocar um "curto circuito" e experimentar um apagão temporário.

Existem um ou dois métodos diferentes que podem ser usados com sons. Uma fórmula adequada deve primeiro ser decidida pelo Coven e todos os seus membros devem se concentrar para onde os sons devem ser direcionados. O líder pode então entoar o chamado, com o restante respondendo a intervalos regulares ou, alternativamente, eles podem ser realizados coletivamente. É imperativo, no entanto, que todos os presentes "sintam" os sons profundamente dentro de si mesmos, para que estejam chamando internamente e externamente. Em outras palavras, estamos tentando elevar nossa própria consciência a um nível superior, para sermos ouvidos e respondidos pelas Inteligências Interiores.

É importante, em todo ritual, que a voz seja treinada e que seu tom seja bem formado e modulado. Alguém que tenha uma voz muito grave ou estridente dificilmente penetrará as vibrações de tom corretas para seu grupo humano, imagine para o Divino. No entanto, se a alma é pura e resoluta, haverá uma melhoria natural da voz com o tempo, pois ela sempre afeta o corpo, seja para o bem seja para o mal.

Dentro da estrutura da Arte existem certos chamados básicos bem conhecidos usados pela maioria das Bruxas. Também existem muitos que não são tão conhecidos e, por um bom motivo, foram mantidos em segredo. Alguns destes últimos serão examinados para oferecer uma compreensão geral deles, sem, de maneira alguma, quebrar a tradição secreta. É importante que se saiba que a maioria dos chamados é usado em conjunto com as danças.

I-o-evoe-ee é um chamado antigo que ainda hoje é popular. Como invocação é excelente, tendo sido muito importante na Grécia antiga, onde era entoado pelos sacerdotes dos templos. Embora as Bruxas o usem, parece ser uma adaptação do seguinte: *Ieo-veo-veo-veo-veov-orov-ovovovo*. Os dois chamados lembram o *Yo-heave-ho* dos marinheiros, que pode ter derivado deles. *Io-evoe-ee* é usado atualmente pelos sacerdotes de alguns templos hindus, mas é pronunciado como um *evorrrrrr* e prolongado, com a língua tocando o céu da boca e os lábios puxados para trás.

A pronúncia das vogais é muito importante, porque todos os sons produzem *ondas sonoras*. Os chamados a seguir são muito antigos e foram examinados cientificamente nos últimos vinte anos. As descobertas são extraordinárias, pois alguns são do sexo masculino e outros, do sexo feminino.

Certos chamados só são eficazes quando usados por muitas pessoas ao mesmo tempo. Outros podem ser poderosos se entoados por apenas uma pessoa. Como exemplo há um chamado, *Aaahhi-oo000-uuuu* que, se usado por uma mulher em um espaço aberto, atrai qualquer homem que passa e faz com que ele mude de direção (ou pelo menos tenha um forte desejo de fazê-lo) e siga na direção do chamado. Isso acontece exatamente da mesma maneira se um homem usar o chamado *I-ee-oue-eeaie* para atrair mulheres. Não nos propomos a fornecer a pronúncia exata desses chamados. Esse conhecimento deve permanecer, como sempre, em boas mãos e dentro da estrutura da Arte. A razão para isso é que alguns dos chamados evocam sentimentos sexuais fortes e, portanto, podem ser usados para convencer uma pessoa contra sua vontade.

A seguir, exemplos de ondas sonoras produzidas por vários chamados:

H-U-O

H-O

H-A-A-H-H-I-O-O-U-U

A-A-A-H-H-I-O-O-O-O-U-U-U-U

A-H-A-A-A-R-R-R

O som *I-s-e* é um som sibilante e é principalmente masculino. O "assobio" atua sobre a glândula pituitária, fazendo com que esta produza mais adrenalina. É também um som sempre emitido pelo homem, pouco antes dele chegar ao clímax na relação sexual. Isso é feito (talvez de forma inconsciente) para estimular a mulher, que geralmente atinge o orgasmo após o homem. Exatamente nesse ponto do clímax, a cabeça do homem se aproxima do ouvido da mulher. Depois de beijá-la nos lábios, sua boca volta ao ouvido de sua parceira e emite esse som novamente, para estimular a glândula pituitária. É um ruído básico e primitivo, feito apenas para excitar a fêmea.

Um som estridente e pausado, mas continuamente enunciado, levará à lactação em uma mãe que amamenta. Mas, ocasionalmente, sabe-se que pode resultar em lactação em uma mulher que não esteja amamentando uma criança no momento. Além disso, o som não precisa necessariamente ser produzido por uma criança pequena, pois é o próprio som que cria o efeito.

Os sons *Eeeeeee* e *Yee-uu-ee-uu* são produzidos por bebês masculinos e femininos, respectivamente, e o sexo de uma criança recém-nascida pode ser discernido no nascimento, no seu primeiro choro. Se a criança for do sexo masculino, o barulho será *Eeeeeee*. Novamente, o som do prazer emitido pela fêmea no primeiro clímax na relação sexual é geralmente o feminino *Yee-uu-ee-uu*, às vezes prolongado.

A pronúncia dos nomes da Deusa Mãe – Afrodite, Astarte, etc., era muito diferente nos tempos clássico e pré-clássico. Eles teriam tido grande efeito sobre os ouvintes quando as entonações corretas fossem observadas.

No que diz respeito aos nomes secretos da Deusa, veja esses a seguir:

Ororiouth (Artemis, Selene e Hecate)
Aruru (Afrodite)

Esses nomes têm um significado definido, às vezes de natureza sexual e, dentro de sua estrutura, existem elementos criadores e destrutivos. Eles têm um vínculo direto com as forças da Vida e da Morte, ilustrando o fato de que todos os atos de criação também são atos de destruição.

Durante o orgasmo o homem mostra, em menor grau, todos os sintomas da morte, e estes se fazem presentes no momento. Mais uma prova é demonstrada pelo fato de que, quando um soldado entra no campo de batalha sabendo que suas chances de sobrevivência são muito pequenas, ele às vezes ejacula. Isso é sem dúvida psicológico, mas foi observado nos casos de homens condenados no último momento antes da morte ou simultaneamente a ela.

O mesmo ocorre no caso de um garoto namorando uma garota em particular pela primeira vez. Antes do encontro, ele experimenta uma forma leve de depressão; o garoto não tem certeza, mas espera que a relação sexual ocorra. Então, após o encontro, a garota o encoraja e ele fica mais feliz. Se o ato sexual ocorrer – êxtase. Posteriormente, a depressão pode se manifestar novamente por um curto período.

Foi demonstrado que os antigos chamados da Antiga Religião não são sons sem sentido (como alguns escritores sobre o assunto reiteram com uma regularidade monótona), mas foram feitos com a intenção de estimular a natureza espiritual e física dos participantes. Parece também que o homem é a representação das qualidades destrutivas da Natureza, enquanto a mulher carrega as qualidades da criação – os aspectos precisos inerentes às divindades antigas, o Deus Cornífero e a Deusa Mãe!

Os Mistérios do Simbolismo

Existem centenas de símbolos mágicos que foram usados em todo o mundo por várias religiões, seitas e fraternidades ocultas. Muitos deles são familiares, foram estudados e possuem escritos a respeito como, por exemplo, símbolos como o pentagrama (estrela de cinco pontas); a Estrela de Davi (estrela de seis pontas); a suástica, a cruz e outros.

No entanto, existem outros muitos símbolos que não são tão conhecidos e que também contêm segredos ocultos dentro deles, mas foram virtualmente ignorados. Seja porque os autores ignoram seus significados ocultos, seja por falharem em ver qualquer relevância neles, além de um uso decorativo, isso permanece um mistério. É proposto, portanto, observar alguns dos aspectos negligenciados.

A Lamparina da Babilônia, foi, e ainda é, usada como um símbolo da antiga Deusa Babilônica, Aruru, mais tarde conhecida como Afrodite. Trata-se de um símbolo de fertilidade, sendo uma representação da vagina, mas quando duas mariposas são adicionadas a ela (como na ilustração da próxima página), a lamparina se torna um símbolo de amor cego e de destruição. As duas mariposas, macho e fêmea, são atraídas pela chama da lâmpada, na qual acabarão perecendo.

Este também é um simbolo da Vida (lâmpada) e da Morte (mariposas). Esta lamparina, chamada Arura em muitas línguas, adverte contra a tentativa de qualquer forma de magia sexual, sem *sabedoria* e *instrução*. A lâmpada de Aladim traz a mesma mensagem.

Um símbolo muito antigo do qual a lamparina provavelmente foi derivada também é ilustrado e é usado em muitos países, como sinônimo de procriação, especialmente no noroeste da Austrália. Na Índia, é um símbolo de destruição e é comparável ao *Lingam* e a *Yoni*.

Aura

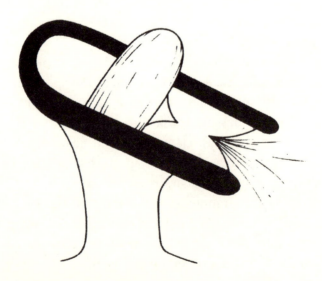

Os Mistérios do Simbolismo | 131

Em certos escritos antigos, os nomes de Adão e Eva aparecem escritos assim:

Adão é o falo, Eva representa o masculino e o feminino juntos.

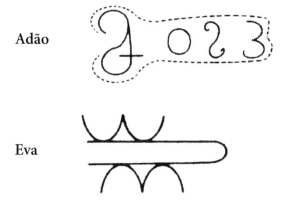

Veja um antigo sinal religioso indiano:

Esse sinal indiano pode ser comparado com um sinal que é gravado na faca ou no athame da Bruxa::

Embora os significados mais profundos desses sinais obviamente não possam ser revelados, será visto que ambos mostram o poder mágico que está se manifestando.

Frequentemente, na base das estátuas clássicas da Deusa, logo abaixo dos seus pés, estava escrito assim:

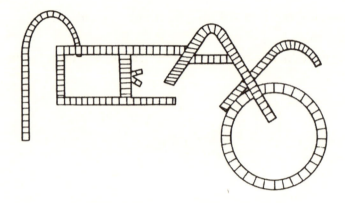

Quando esse escrito estava presente, o adorador deveria apenas olhar para os pés da Deusa e não para o rosto. A razão para isso agora se revela aparente se for comparada com o símbolo usado hoje em algumas clínicas de sexo:

Diz-se que a meditação sobre esse símbolo, de quinze minutos a meia hora, produz um estado de excitação sexual em homens ou mulheres. Parece que as letras reais são de pouca importância. É principalmente a forma e o formato que produz o efeito.

Podemos assumir, portanto, que o desenho aos pés da Deusa foi colocado ali para estimular os adoradores e despertar as forças vitais dentro deles. Essa suposição é reforçada pelo fato de que algumas estátuas eram mostradas apenas à população em determinados festivais do ano. O costume ainda é preservado no continente nos dias atuais, quando uma estátua é trazida e desfila diante do povo. Geralmente isso acontece no Festival da Primavera – a época natural do ano para a fertilidade.

Se a Deusa e seu desenho foram realmente exibidos com a intenção de dar às pessoas um empurrãozinho em suas atividades sexuais, podemos ver que esse era um procedimento cuidadosamente controlado.

As Bruxas sempre foram associadas ao bode. Dizem que elas montavam essas bestas nos Sabbats e existem muitas representações pictóricas delas voando pelo ar nas costas de um bode, que também foi associado às Artes Negras e sua face se tornou símbolo da Magia Negra. Mas por que o bode, entre todos os animais do mundo?

Uma razão poderia ser o fato de o bode ser muito lascivo, e isso o tornaria o animal ideal para se conectar com o Diabo, especialmente aos olhos da Igreja Cristã. Mesmo assim, existem alguns outros animais com esse atributo; o arminho, por exemplo. No entanto, é sempre o bode que incorre nesse privilégio duvidoso.

A Igreja Cristã sempre foi muito contra a ideia de sexo por prazer. O sexo para procriação era aceitável desde que os participantes fossem católicos criando catoliquinhos.

Dizer que o bode é um animal do mal é ridículo, fato é que ele tem sido um símbolo constante do mal durante toda a Era Cristã.

Algumas seitas da Magia Negra certamente fizeram do bode o emblema de suas práticas, assim como os Cavaleiros Templários com seu Deus Baphomet. No entanto, pode-se ver que sua representação da divindade compreendia tudo nos simbolismos: masculino, feminino, animal, alma e, de fato, toda a criação, possuindo a cabeça de um bode, simbolizando a parte animal da natureza.

A palavra Baphomet revela os aspectos universais da figura. Quando escritos de trás pra frente, encontramos três abreviações: TEM, OHP, AB, que em termos cabalísticos significa *Templi omnium hominum pacis abbas* (O pai do templo da paz universal entre os homens). Mas precisamos procurar muito mais sobre o porquê do bode.

Os animais com chifres eram destacados em antigas formas de arte religiosa. Chifres eram importantes. Eram um símbolo de poder e de majestade e, por isso, os altares antigos eram decorados com eles. Os belos chifres no topo do templo de Cnossos foram esculpidos em pedra e por entre eles se vê o Monte Ida, a casa dos Deuses. Um conceito religioso muito antigo era o Portal dos Chifres, que ficava diante da entrada de túmulos e lugares sagrados nos tempos megalíticos. Eles também sobrevivem em Stonehenge, nos elevados trilitons de pedras de Sarsen, em forma de ferradura. É o caminho entre dia e noite, vida e morte, humano e divino. No entanto, é a *face* do bode que é mais frequentemente retratada na Bruxaria.

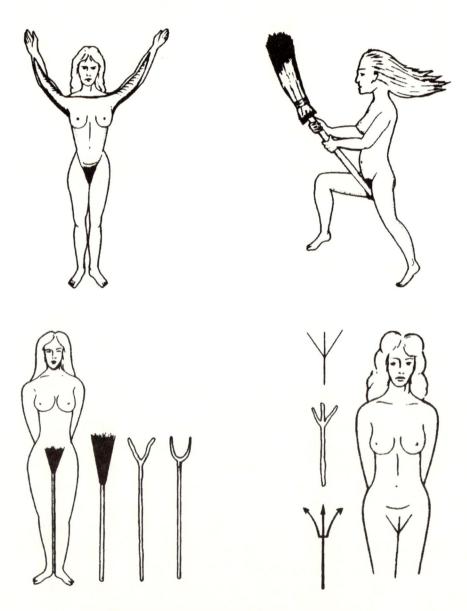

Da esquerda para a direita: "O sinal do bode – Capricórnio".
"A Dança da Vassoura". "A Vassoura". "O Pé de Ganso".

Se olharmos com os olhos do homem antigo que via imagens em praticamente tudo, podemos ver o rosto do bode quando uma Bruxa fica na posição do pentagrama, que é realizada nas cerimônias. Os braços dela são os chifres; os seios, os olhos e os pelos pubianos, a barba (como mostrado na página anterior). Além disso, em alguns casos, os pelos pubianos se parecem com a face de um bode.

Essa figura imaginativa simples logo se ampliou, especialmente quando a Igreja Cristã começou a perseguir a Antiga Religião. As Bruxas, sacerdotisas dessa fé, eram retratadas com bodes entre as pernas e montando esses animais. O bode se tornou um personagem maligno. Demônios, diabos e a maioria dos vilões receberam um cavanhaque. Expressões como "bode expiatório" e "isso me deixa irritado" (*it gets my goat em inglês,* "isso me dá bode" em tradução livre) vieram de uma antipatia pelo animal.

A partir dessas observações, pode-se entender como as Bruxas se tornaram tão intimamente associadas ao bode e o motivo de, por meio de confissões forçadas, muitas vezes ilegíveis, ter sido registrado que o bode era sinônimo de Bruxaria.

A vassoura (veja a ilustração na página anterior) é um símbolo bem conhecido das Bruxas e se desenvolveu posteriormente ao mastro. Devido às perseguições, tornou-se necessário disfarçar o mastro e a parte fálica era oculta nas cerdas. Assim se formou uma representação das Forças Gêmeas da vida, e a Dança das Vassouras era realizada para fertilidade nos Festivais Antigos.

"Ter uma vassoura entre as pernas" se tornou uma expressão vulgar, assim como "Ela montou na vassoura", implicando relações sexuais. Hoje, a palavra "montar" ainda é usada em certas grupos, quando fazem alusões ao sexo. "Vassoura" ou "matagal" também são termos comuns para os pelos pubianos de uma mulher. A vassoura simboliza o poder da Bruxa, especialmente quando é colocada de pé no chão: o sinal do símbolo da Deusa.

Outro símbolo, embora muito mais antigo, é o "pé de ganso" (a ilustração da página anterior mostra como ele foi concebido a partir da forma de uma mulher).

O tridente também é uma variação desse símbolo. As três pontas representam a forma mais antiga da Trindade: a da Deusa, que era conhecida como a Deusa Tríplice ou "três em um". Sob os nomes de Diana e Hécate ela também tinha o título de Trivia – "dos três caminhos" – e suas estátuas sempre são colocadas em locais onde três estradas se encontram.

A estaca é um bastão bifurcado conhecido na Escócia como *Bune Wand* (Boa Varinha). Feita de madeira de freixo, ela tem aproximadamente a altura de um homem. A Bruxa geralmente recebia uma em sua iniciação, assim como recebia também um pote de unguento – a famosa "Pomada Voadora". Foi com tudo isso reunido que as Bruxas fizeram a maior parte de seu "voo", provavelmente devido à sua poção misteriosa.

Quando as reuniões são realizadas ao ar livre, a estaca é colocada fora no Norte do Círculo para representar o Deus. Às vezes, um forcado é usado como um substituto, mas se a cerimônia ocorrer em uma época do ano em que a Deusa está governando, uma ferramenta de três pontas é usada em seu lugar.

O símbolo do cajado é conhecido atualmente como o "Báculo do Bispo". No Oriente e no Oriente Médio, nos primeiros tempos, o cajado era propriedade da Grande Deusa, quando era conhecido como o "Cajado do Pastoreio". A Deusa foi profundamente reverenciada como quem concedeu os direitos de pastoreio e realeza ao longo de uma sociedade matrilinear. O cajado, assim como o mangual carregado pelos faraós, simbolizava os aspectos pastorais de seu governo sobre a Terra.

Em termos ocultos foi sugerido que o cajado, devido a sua forma, mostra o poder ou a energia subindo no homem ou na mulher desde a base da coluna vertebral até a cabeça, a sede da Vontade. O cajado também pode representar uma pessoa curvando-se no altar da Deusa.

O triângulo é um antigo símbolo da religião da Deusa, encontrado em todo o Oriente Médio e também na Ásia e no Egito, gravado em estatuetas da Deusa e também diante de túmulos e lugares sagrados.

A idade do símbolo dá uma pista de sua santidade e liga-se diretamente à crença na reencarnação, pois representa a morte e o renascimento através da Grande Deusa que era conhecida como Nintinugga, "a que dá vida aos Mortos" e "a Senhora da Montanha da Morte". Quando esculpido em uma figura da Deusa, o triângulo fica na posição e seguindo a forma dos pelos pubianos.

É o triângulo apontando para baixo das Águas da Vida, mostrando o Portal do nascimento e renascimento. Além disso, simboliza o Portal dos Mistérios e o nascimento do iniciado na Arte.

Sinais de mão eram comuns em tempos passados. Durante as perseguições, o modelo de uma mão era às vezes colocado na janela de uma cabana. Se as costas da mão estavam voltadas para a pessoa do lado de fora, significava que era seguro entrar, como que acenando a convite. Mas se a palma da mão estava virada para a janela, o sinal indicava "mantenha distância, não é seguro".

Dois sinais de mão que também eram usados por Bruxas, eram o *Mano Cornuta* e o *Mano in Fica*. O primeiro, "fazendo chifres", era usado para evitar o mau-olhado. Isso era feito colocando o dedo indicador e o dedo mínimo para cima e os outros dois dedos sendo pressionados pelo polegar. O gesto simbolizava o poder e a proteção do Deus Chifrudo.

O *Mano in Fica*, ou "a figa", era um sinal feminino representando a Deusa e o clitóris. E era feito apertando o punho e empurrando o polegar para cima entre os dedos indicador e médio. "A figa", às vezes, era empregada para afastar o mal, embora geralmente fosse usada como uma bênção. As Bruxas ainda o retém como um sinal de reconhecimento entre si.

A arte do simbolismo é muito antiga e foi usada para perpetuar a religião ou o ocultismo secreto e suas crenças. Assim, eles foram preservados, protegidos da cupidez vulgar, mas se mantiveram disponíveis para as almas que realmente desejam desvendar, defender e praticar os segredos dos Sagrados Mistérios.

Mano Cornuta

Mano in Fica

Métodos de Adivinhação

As maneiras de divinação são muitas e variadas e a maioria das formas convencionais já recebeu atenção em outros livros. Existem, no entanto, alguns métodos que me foram entregues e que eu achei eficazes, especialmente no âmbito da Arte.

O primeiro deles é o trabalho do espelho. Idealmente, todos os Círculos Mágicos devem ter um espéculo, na forma de um espelho de vidro comum, pendurado na parede que se alinha mais estreitamente com o Norte magnético. O espelho deve ser grande o suficiente para refletir o altar, de preferência grande como o Círculo. Primeiro, ele deve ser consagrado e depois coberto com um veludo preto ou cortina prateada quando não estiver em uso. A cortina pode ser bordada com os sigilos mágicos da Lua, que podem estar ao redor do próprio espelho.

Será percebido que todos os trabalhos desse tipo se relacionam com o Plano Astral, do qual a Lua é a regente. O espelho é de extrema importância na construção do Templo Astral, que é uma duplicata do templo material e uma necessidade vital em algumas obras de magia. O Templo Astral é visualizado e construído pela imaginação, e será real em sua própria esfera, desde que seja usado dessa maneira.

É especialmente útil lidar com o Templo Astral durante a meditação. Seu mobiliário deve ser tão familiar quanto o do templo físico e deve ser usado da mesma maneira.

No entanto, sua estrutura deve ser mantida em segredo e dentro do Coven que o cria, para que permaneça inviolável por qualquer outra mente.

Para os indivíduos que trabalham com o Espelho Mágico, darei detalhes de métodos relacionados aos quatro elementos: Ar, Fogo, Água e Terra. Supõe-se que o Círculo já foi consagrado e preparado. Os rituais a seguir podem ser trabalhados pelos praticantes, nus ou vestidos, como o praticante preferir.

Ar

Este método é ideal para ideias únicas ou coisas que você deseja que ocorram ou que sejam passadas para enviar mensagens telepáticas aos amigos ou para receber uma resposta esperada de um problema.

Levante seu athame e desenhe um Pentagrama Invocante na frente do espelho. Em seguida, sente-se confortavelmente segurando o athame na vertical com a mão, que pode repousar sobre o joelho. Acenda uma vela amarela clara e coloque-a onde melhor lhe convier.

Após ter observado sua ideia e chegar a conclusão de que isso não vai prejudicar ninguém e de que não é algo impossível ou totalmente fora do seu alcance, não há razão para que seu desejo não seja concedido.

Respire fundo cinco vezes, feche os olhos e comece a visualizar a ideia acontecendo em sua mente. Não se apresse e mantenha o pensamento o tempo que achar necessário. Em seguida, abra os olhos e visualize seu pensamento no espelho. Veja claramente e segure a imagem por um tempo e, então, comece a entoar a ideia em palavras reais. Fale suave e claramente e vá direto ao ponto. Repita as palavras sete vezes, depois levante o seu athame e apunhale a ponta em direção ao espelho, sete vezes.

Agora libere a imagem, limpe-a da mente e deixe-a ir além para fazer seu trabalho. Ignore a ideia completamente, liberte-a, pois ela não pode fazer o seu trabalho enquanto você a segura. Relaxe, respire fundo cinco vezes como se fosse soprar a ideia no Astral. Esvazie sua mente e não pense em nada e nem em coisa nenhuma. Por alguns minutos, seja como um vácuo ou como uma folha soprada ao vento. Em seguida, levante-se com a sensação de que tudo está bem, sem dúvidas ou ceticismo.

Você pode deixar a vela acesa em um local seguro ou mantê-la para usá-la novamente no mesmo ritual, pelas mesmas razões e por nenhuma outra.

Fogo

Este método é útil no treinamento da mente para visualizar cores e para ativar ou desenvolver um atributo físico que está ausente ou que não é suficientemente forte para o praticante.

Pegue o bastão e desenhe um Pentagrama Invocante na frente do espelho. Coloque uma vela vermelha de cerca de 10 cm diante do espelho, com sua chama no centro do pentagrama traçado. Segure o bastão, para que ele possa repousar sobre o joelho e concentre-se na imagem da chama no espelho até começar a ver uma aura ao seu redor, que terá cerca de dez centímetros de diâmetro e será composta de várias cores, como o arco-íris; pode ser de forma oval ou como uma auréola ou um círculo.

Após alguns minutos, a aura aumentará de tamanho com alguns raios brilhantes parecendo vir da chama diretamente em sua direção. Se você vir esses raios, saberá que está tendo sucesso e que seus poderes de concentração são bons.

Agora, desvie os olhos da chama e olhe apenas para a aura. Diga para si mesmo: "Azul-azul-azul...", repita isso sete vezes. Daqui a pouco você deve descobrir que a aura está mudando para uma linda cor azul e, enquanto isso se manifesta, comece a se sentir banhado nessa cor. Imagine tudo ao seu redor e como parte de você e comece a se sentir desenvolvendo um dos atributos associados a essa sombra.

Em seguida, tente o mesmo procedimento com outra cor, como verde ou vermelho, por exemplo. Se um atributo específico for necessário, todo o ritual poderá ser dedicado à cor que se liga a ele. A seguir, é apresentada uma lista de cores e suas influências:

Vermelho: coragem; força; entusiasmo; paixão; crença; trabalho; direção.

Laranja: confiança; esperança; saúde; otimismo; alegria.

Amarelo: prontidão; memória; eloquência; esforço; tolerância; sagacidade.

Verde: generosidade; honestidade; reflexão; responsabilidade; firmeza.

Azul: benevolência; independência; graciosidade; felicidade; devoção; perdão.

Violeta: clarividência; visão; espiritualidade; paciência; calma; prudência; simpatia; persistência.

Branco: compaixão; iluminação; discernimento; inspiração.

Água

Aqui temos o elemento natural que se relaciona com o Plano Astral, a memória, as vidas passadas e as que estão por vir.

Tenha dois chifres para serem usados como copos, ou taças, uma vazia e outra cheia de água. Acenda uma vela azul e a coloque sob o espelho. Mergulhe o dedo indicador na água e desenhe um pentagrama na frente do espelho, tocando cada ponto do símbolo com o receptáculo

Agora pegue os dois recipientes e comece a derramar a água, lentamente, de um recipiente para o outro. O som deve fazer você se sentir muito calmo e pacífico. Ao derramar, repita as seguintes palavras:

Fluir e refluir; fluir e refluir;
Mostre-me as coisas que eu deveria deduzir.
Passado e presente; futuro também;
Quem eu fui; e o que eu farei além?
Água de prata, Lua prateada;
Dê respostas para esta runa encantada
Que assim seja!

Em seguida, coloque o recipiente vazio no chão e segure o recipiente cheio no colo: relaxe o corpo e a mente. Sente-se em silêncio e olhe calmamente para o seu reflexo. Não olhe atentamente nem tente forçar as coisas a acontecerem. Isto fará com que elas não aconteçam! Imagine que você está em um poço profundo, flutuando suavemente sobre a água. Depois de um tempo, o espelho vai escurecer e seu rosto vai desaparecer. Este é um sinal de que seus olhos estão começando a se cansar e é bastante comum nessas circunstâncias. Mas é aí que o Terceiro Olho começará a dominar e você poderá ver um rosto diferente do seu no reflexo e também poderá sentir diferentes emoções surgindo dentro de você, que pertencem a essa outra face. Isso pode lhe agradar ou desagradar. Você pode até ver episódios inteiros de uma vida anterior que foram evocados de sua mente subconsciente e podem lhe dar uma pista sobre que tipo de pessoa você era no passado e o porquê de ter renascido. Essa experiência pode acontecer apenas uma vez na sua vida, mas se acontecer você se lembrará para sempre.

Quando a visão desaparece, é hora de concluir o experimento e deixá-lo até o dia seguinte. Respire fundo e volte gradualmente ao seu ambiente comum. Sente-se por mais alguns minutos; beba a água que se tornou pranarizada ou oxigenada pelo movimento de passá-la de um recipiente para o outro. Diga algumas palavras de agradecimento aos Antigos e recoloque a cortina sobre o espelho.

Terra

Esta meditação é boa para a construção da força vital, especialmente se estiver doente ou com alguma falta de energia. Você vai evocar o espírito da Terra.

Acenda uma vela verde e coloque-a em frente ao espelho. Pegue o pentáculo e erga-o em direção ao espelho dizendo:

Espírito da Vida; espírito da Terra;

Pela magia eu te chamo, em nome do meu nascimento e o que o encerra!

Encha-me de saúde, como suas ervas de poder solarizante;

E que a magia seja feita pelo pentáculo brilhante

Que assim seja!

Agora, coloque o pentáculo no seu peito. Verifique se ele ainda está apontando para cima e observe seu reflexo através do espelho. Olhe para ele por um tempo, depois, pegue a vela com a outra mão e segure-a para que a chama esteja no centro do pentáculo.

Comece a visualizar o pentagrama como ele é, uma criatura da Terra, e sintonize sua mente com a Mãe Natureza. Olhe para ele, brilhando e refletindo a chama da vela e em instantes você o verá como um campo de milho dourado, com a chama como o Sol. Outras cenas bonitas se desenrolarão diante de seus olhos. Em algumas, parece que o pentagrama está em um jardim de flores ou brilha no meio de uma floresta escura. Mas o que quer que você veja, imagine-se como parte da cena e se beneficie dos poderes da Terra.

No final, abaixe a vela, beije o pentagrama e agradeça aos Deuses.

Um dia, alguns anos atrás, uma velha cigana veio à minha casa. Ela me implorou para que eu tentasse encontrar uma bola de vidro que ela pudesse usar como cristal para visualização, a dela havia sido roubada. Eu disse que daria uma olhada e para que ela voltasse dentro de alguns dias.

Meu marido disse que não se pode dar coisas caras a estranhos, e esse tipo de bolas, mesmo as de vidro, custam caro. Mas ele eventualmente encontrou uma pequena em uma gaveta e disse que eu poderia entregar se ela voltasse.

Quando ela voltou, apresentei a bola e seus olhos quase saltaram das órbitas.

"Você pode me dar algo em troca?", eu perguntei.

Ela olhou para mim com força e disse: "Você também tem a visão. Você entende as cartas?"

"Sim", eu disse, "eu as estudei por muitos anos".

"Então ouça-me, amor; vou lhe contar uma antiga maneira cigana de lê-las, que muitos Górgios[20] conhecem. Mas, você só deve fazer isso para saber algo muito importante".

"Entendo", assenti.

"Você tem uma xícara de chá para compartilhar?", ela perguntou, sorrindo sem dentes.

"Claro; entre na cozinha e eu lhe farei uma".

Ela entrou e se sentiu em casa enquanto eu fazia o chá.

"Você sabe que as cartas são como os elementos, não é?", ela perguntou. Eu assenti.

"Bem, olhe aqui; há um ditado entre nosso povo que o baralhar das cartas é a terra; o barulho das cartas é a chuva; o cortar das cartas é o vento e a orientação das cartas é o fogo". Ela apontou um dedo sujo para a lareira.

"Vê? Terra, Água, Fogo e Ar, vê?"

"Ah-hã", e então eu pensei: "o que temos aqui?" Fiz o chá para ela e dei-lhe alguns bolinhos caseiros.

"Saúde! Eu nunca provei um desses", ela disse enquanto apanhava um bolinho. Eu o ofereci com uma pitada de sal, pois era algo que os ciganos sempre diziam que deveria ser feito quando você comprava alguma coisa deles.

---

20. Górgios são ciganos brancos, que moram em casas.

Esperei até que ela terminasse de comer e disse: "Por favor, conte-me mais". Ela mergulhou a mão em seu casaco rasgado e tirou um baralho imundo de cartas de Tarô.

"Agora, então; veja aqui; esta é a maneira de tratá-las, como um bebê". Ela afastou as louças e as colocou sobre a mesa.

"Você tem um cigarro?" Eu dei um a ela e acendi.

"Agora é assim; Terra, Água, Ar e Fogo, é isso que eles são, e você deve tratá-los assim, então me observe...". Ela começou a embaralhar as cartas.

"Veja, isso é a terra, como se você a revirasse com uma pá". Então ela as juntou e as deixou cair uma após a outra, sobre a mesa. "Esta é a chuva caindo no chão".

Ela as reuniu novamente em dois pacotes e bateu um suavemente contra o outro. "Este é o vento, querida", ela sorriu.

Depois ela espalhou as cartas como um leque e as apontou para o fogo que brilhava sobre suas superfícies.

"Eles estão direcionados como as chamas", disse ela.

"Isso é realmente maravilhoso", eu disse. "Você está realmente trazendo a vida escondida delas ao fazer isso".

"Sim, sim, amor, mas você deve fazê-lo repetidamente, até que os elementos façam parte de você, bem como as cartas. Só, então, é hora de lê-las".

Não é necessário dizer que pedi que ela lesse as cartas antes de partir.

A adivinhação pelo uso de pedras rúnicas é outra maneira de prever o futuro, porém é um método que não recebeu muita atenção no passado por escritores sobre o ocultismo.

A litomancia, como é chamada, é um método muito primitivo, mas está particularmente associada às Bruxas, provavelmente porque as pedras eram as coisas mais convenientes para usar no passado remoto. Mas a prática do sortilégio, ou seja, lançar a sorte para prever o futuro, deu aos franceses a sua palavra para "Bruxa", sendo *sorcier* (masculino de Bruxa) e *sorcière* (feminino de Bruxa). O método que eu vou descrever consiste no uso das pedras, ou seixos, cada uma marcada com um símbolo diferente.

As Pedras Rúnicas são oito, sendo este o número da Arte, e devem ter aproximadamente 3 centímetro, ou um pouco menos que isso, de diâmetro. Pedras apropriadas para esse tipo de adivinhação podem ser coletadas na praia, ou mesmo em uma antiga pedreira. No entanto, pessoalmente, acho que você terá muito mais opções de escolha à beira mar.

Depois de estudar as pedras e seus significados, você poderá selecionar oito delas que lhe sejam atrativas pelas razões que sua necessidade requer.

Os símbolos podem ser pintados com tinta esmalte e pincel fino, nas cores apropriadas. Por exemplo, o símbolo da pedra do Sol seria melhor pintado em dourado; a pedra da Lua, prata ou branco; a pedra do Anel, rosa; as Lanças Cruzadas, vermelho; a pedra com símbolo Ondulado, azul; a pedra dos Três Pássaros, vermelho, branco e azul; a pedra da Sorte, amarelo e o símbolo na pedra Negra pintado de branco; caso contrário, não aparecerá.

A Chave para as Runas

Runa marcada com um sol radiante. Esta runa representa um homem ou um presságio favorável ao sucesso e também todas as formas de expansão na vida. Quando esta é a runa líder, ela prevê um resultado bem-sucedido do assunto indagado. Esta é a runa do Sol. Ela representa honras, fama e um ano de sucesso que se aproxima quando for a runa líder.

Lua crescente, grafada com quatro marcas em forma de "x", indicando as fases lunares. Esta pedra na posição de liderança se refere a uma mulher em uma pergunta, ou sobre esposas, parto ou concepção se esse for o assunto indagado. Também prevê mudanças de posição, a ocorrer dentro de vinte e oito dias, se a pedra estiver na posição de líder, denotando, muitas vezes, uma viagem ao exterior. O verdadeiro significado da runa pode ser alcançado por meio do estudo da runa mais próxima a ela no conjunto. Se a pedra mais próxima for favorável, as próximas mudanças serão favoráveis.

Métodos de Adivinhação | 147

Runa marcada com anéis entrelaçados. Isso tem a ver com o resultado bem-sucedido de todas as questões de amor e de casamento. Quando é a runa líder, denota um rápido compromisso, casamento ou caso amoroso bem-sucedido. Caso estiver como líder, é afirmativa à pergunta: "Ele (ou ela) me ama?"

Runa com lanças cruzadas. Quando esta é a runa líder, significa disputas e brigas. Também representa uma ocorrência repentina de natureza perturbadora. Frequentemente, representa uma pessoa que discutiu ou discutirá com o solicitante. Se um membro das forças armadas for indagado, isso pode significar uma promoção repentina. Se estiver ao lado de uma runa afortunada, significa acalmar uma briga. Se ela aparecer ao lado da runa do Amor, significa a cura de um romance que terminou ou um romance que será revivido. Para saúde, esta runa indica uma rápida recuperação após uma doença ou um acidente.

Runa com uma onda curva. Significa os familiares, seus assuntos e o efeito que questões relacionadas aos parentes têm sobre o consulente. Quando perto da pedra do Sol, ela prevê uma longa jornada, geralmente para o exterior, para o solicitante. Perto da runa da Lua, pressagia uma jornada para um familiar. Quando está perto da pedra do Amor, prevê um romance que pode levar quem fez a pergunta ao exterior.

Runa com três pássaros em voo. Representa notícias repentinas de natureza inesperada. Se é uma runa líder, pode mudar toda a sua vida, muitas vezes para melhor. Seja líder ou não, quando se encontra com pedras afortunadas, simboliza documentos ou mensagens que trazem alegria, também boas notícias de amigos e conhecidos distantes.

Representando uma "espiga de milho", sinal de abundância, esta é uma pedra da sorte. Como pedra principal, este é o sinal mais sortudo de todos, denotando um feliz e próspero resultado sobre assunto indagado. Pressagia a expansão de todas as coisas, dinheiro, sorte, progresso social e um tempo de prosperidade. Quando está ao lado da pedra do Amor, significa um casamento rico! Ao lado da pedra do Sol, significa uma carreira brilhante. Com a pedra com Ondulação, sucesso em países distantes.

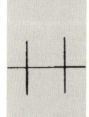
Uma Runa Negra com um desenho cortado como a letra H. Quando é a pedra líder, denota perdas, pesar e infortúnios em geral, separações e às vezes luto. Nunca deve ser lida sozinha, a menos que seja a única pedra do conjunto com um símbolo aparecendo. As pedras próximas a ela devem ser lidas, pois muitas vezes atenuam o que a princípio parece desafortunado. Por exemplo, se essa pedra estiver com a runa da Lua, isso indicaria infelicidade que será mudada dentro de vinte e oito dias para algo melhor.

Como Lançar as Runas

Pegue as oito pedras na sua mão direita; agite-as como dados, enquanto pensa na pergunta que deseja fazer, depois lance as Runas para longe de você.

Somente as Runas que possuem os símbolos voltados para cima devem ser lidas. As que caem com a face para baixo estão fora e não têm sentido.

A Runa mais distante de você é a pedra principal e a mais importante. As outras diminuem de importância à medida que estão mais próximas de você.

Somente as pedras que mostram um símbolo têm algum significado. Se uma cai em cima do outra e ambas mostram um símbolo, essas duas pedras têm a resposta.

Mantenha suas perguntas simples. Se você fizer uma pergunta, lançar e nenhum símbolo aparecer, isso indica que essa não é a hora certa de perguntar. Não jogue novamente por sete dias.

Nunca jogue as Runas por diversão ou se você já souber a resposta. Lembre-se de que elas são uma forma antiga de adivinhação e não um jogo.

Ao jogar para si mesmo, você é o consulente. Ao jogar para outros, deixe-os lançar as pedras, mas é você quem as lê.

Para lançar as Runas para alguém que não está presente, concentre-se no problema da pessoa, depois lance e leia as pedras como se você fosse o indagador.

Não tente complicar suas leituras fazendo perguntas nebulosas como por exemplo, "Devo ser feliz?", mas, sim, "se eu fizer isto, terei felicidade?" Lembre-se, as Runas são tão antigas quanto o tempo, então não espere que você consiga contar uma "longa história" no início. Concentre-se em perguntas simples para começar e logo descobrirá que elas contarão sua própria história à sua maneira.

Nunca empreste suas Runas para outra pessoa, porque se você o fizer, elas nunca mais contarão uma história verdadeira. Lembre-se, elas foram ritualizadas apenas para você.

Por fim, mantenha suas Runas em um pequeno saco de veludo ou de camurça, que pode ser bordado com seu nome mágico em um dos alfabetos mágicos ou em um sigilo que seja agradável ou poderoso para você.

Introdução aos Rituais Planetários

Os rituais planetários foram escritos principalmente para os Wiccanianos, embora, em essência, sejam universais e possam ser adaptados para o uso da maioria das sociedades mágicas.

O principal objetivo desses ritos é evocar e invocar as várias qualidades e atributos com cada um dos sete principais planetas que são associados. O Sol e a Lua são luminares e são conhecidos pelos astrólogos como as Duas Luzes, mas são aqui nomeados como planetas por questão de conveniência.

Essas forças arquetípicas, que emanam do Divino e permeiam o Universo, ao longo dos tempos foram pensadas como Deuses e Deusas e, como tais, são distinguíveis no mundo material. Nesse sentido, suas influências são as mais facilmente compreendidas.

Isso não quer dizer que esses seres divinos, pelos quais os planetas são nomeados, não existam. Existem milhares de divisões e subdivisões de uma única divindade incompreensível; há tantos níveis no mundo espiritual quanto há no mundo material ou físico, todos procedendo da mesma Suprema Fonte de Origem.

Como a maioria dos ocultistas sabe, uma invocação a qualquer um dos Deuses, se realizada corretamente, pode resultar no aparecimento dessa forma divina. Eles são mais frequentemente vistos por meio da clarividência e em cores mais requintadas e vivas, bem diferentes daquelas do mundo físico, que, se forem comparadas a elas, parecem monótonas e sem graça.

Os Sete Planetas têm suas correspondências em todo tipo de manifestação. Suas influências penetram em plantas, árvores, cores, metais, minerais, joias, animais, pássaros, humanos e até no tempo, nos dias da semana e nas horas do dia.

A realização de um Rito Planetário é feito para evitar o começo "frio" do trabalho mágico, embora eles também possam ser realizados como um ritual em si mesmos ou como um complemento para um festival em particular.

O mais importante em todos os trabalhos de magia é estar no estado de espírito correto e sentir as emoções corretas surgindo de dentro de você. Mesmo a força de vontade mais intensa e a concentração em um resultado desejado fracassam sem essa excitação interior.

Para os adeptos ou para as Bruxas experientes, essa condição pode ser fácil e rapidamente adquirida, mas para muitos recém-chegados, em vários estágios de desenvolvimento, pode ser extremamente difícil.

Todos os grupos genuínos consistem de membros em diferentes níveis de progresso e avançando em vários graus. Sem dúvida, como nos tempos antigos, há reuniões de Coven nas quais apenas os que estão nos graus mais elevados são admitidos. Quando o Coven completo se reúne, no entanto, todas as Bruxas são obrigadas a trabalhar, na medida do possível, em uníssono.

Se a reunião estiver marcada para a realização de um trabalho mágico em oposição a uma celebração ou festival, o trabalho geralmente é iniciado logo após a abertura tradicional do Círculo. É aqui que os Ritos Planetários são valiosos. Por exemplo, se o trabalho diz respeito a doenças, o Rito do Sol precederia uma sessão de cura. A exceção aqui seria que, se fosse um distúrbio nervoso, então, o Rito de Mercúrio seria usado.

Todas as Bruxas, portanto, têm tempo durante o ritual para se sintonizar, invocando o Deus ou a Deusa do rito e evocando os raios de cura a partir de si mesmos. Para que, quando o trabalho real ocorra, essas necessidades já estejam presentes e prontas para serem usadas.

O objetivo de qualquer ritual é produzir uma emoção interna em seus participantes, vinda de seus corpos astrais, que deve vibrar por todo seu ser, as palavras e as ações movendo-se fortemente e estimulando as pessoas envolvidas.

Algumas Bruxas ficam entediadas pela repetição de certos rituais; eles falham em se animar, então, naturalmente, falham em produzir os efeitos necessários. Se é assim, é muito importante confiar nos líderes do Coven.

Nada relacionado à Arte permanece estático. O símbolo do Círculo é *movimento*. Um Coven bem administrado é aquele que antecipa *mudanças*. Isso significa que os responsáveis têm conhecimento para transmitir e estão dispostos a ensiná-lo.

Um Coven que tem os mesmos membros por muitos anos pode ser muito forte e proficiente, mas frágil de outras formas e certamente está em perigo de estagnação. Nesse Coven deve haver pessoas com as qualificações necessárias para iniciar um novo grupo, abrindo caminho para os recém-chegados.

Todas as ordens, mágicas ou não, precisam de sangue novo de tempos em tempos, e a Arte não é exceção. Mesmo durante o período das perseguições, as pessoas foram admitidas na Arte.

"Esconda os Mistérios; revele-os constantemente", é um axioma da Antiga Religião.

Até breve!

O Rito de Saturno

Dia	Sábado
Incenso ou perfume	Jacinto, amor-perfeito, pimenta, assafetida, sementes de papoula preta, meimendro negro, magnetita, mirra.
Madeira	Carvalho
Cor	Preta ou índigo
Influências	Deveres, responsabilidade, encontrar familiares, obras de Magia, construções, meditação, vida, morte e doutrinas.

Filho de Cronos. Pai dos Deuses. O Deus do Tempo. O Observador Silencioso. O Único. O Sábio. A ligação no Tarô é com o Mundo, que é o local da nossa iniciação, através das provações e das tristezas da vida.

Descrito como o Vigia do Zodíaco, ao conferir as lições a serem aprendidas na vida, onde quer que Saturno esteja em um mapa natal, mostrará o tipo de lição preparada para o nativo, dando assim a oportunidade de se familiarizar com a direção da qual certas vicissitudes da vida se originam. É uma vantagem para o nativo.

Saturno é o regente de Capricórnio, o bode. Qualquer pessoa nascida sob este signo geralmente descobre que ele fornece sua ajuda após a meia-idade. Saturno está em *harmonia* com a experiência e com os "não tão jovens".

As razões para este ritual devem ser de natureza sombria, quietude, com mais atenção à Mente Interior, contemplação e penetração dos reinos psíquicos, ambições de longo prazo para trazer um futuro frutífero.

O Rito começa em completa escuridão. As Bruxas devem permanecer em absoluto silêncio e calma pelo tempo que for considerado necessário. A mente deve ser libertada de todos os pensamentos indesejáveis e é permitido meditar sobre o não manifesto, ou nada. Quando pronto, o Servo (ou Donzela) acende uma vela preta no altar e os olhos devem estar focados logo acima da chama. Muito lentamente, ajuste os pensamentos à razão e ao propósito do ritual, não de forma intensa, mas de uma maneira distante e sonhadora, como se olhasse para a ideia a longa distância. Os membros agora dão as mãos, ainda mantendo a atmosfera calma.

Alta Sacerdotisa

Nós, que olhamos para a chama da inspiração, lembramos bem de suas origens. Nasce do ventre do tempo, nasce como um bebê inocente, virginal e puro. Portanto, vamos pensar profundamente em nossa intenção e mantê-la da mesma maneira, livre de todos os pensamentos indesejáveis ou de qualquer tipo de poluição mental.

O Servo agora acende as velas nos Quatro Portais, à partir da central, e o Círculo é erguido como de costume.

Alto Sacerdote

Eu sou aquele diante de quem a própria vida foi criada, de quem a luz nasceu das trevas, a Grande Mãe. Considere bem o seu propósito, que é digno de ser manifestado.

A Alta Sacerdotisa sussurra o propósito do ritual à pessoa à sua esquerda. Ele é assim passado pelo Círculo e a última pessoa a recebê-lo o entrega ao Alto Sacerdote.

Alto Sacerdote

Isto é – O que é.

Ele levanta o bastão e aponta para o Norte, ao mesmo tempo reafirmando a intenção, em voz alta.

Todos

Dê-nos a verdadeira intenção de criar nosso desejo de nascer.

O Alto Sacerdote permanece na posição do Deus.

Os Bruxos devem ver o Alto Sacerdote como o Deus agora e ele deve se identificar como o próprio Deus.

Alta Sacerdotisa

Ó! Tu que és tudo e nada, nos dê a sabedoria para descobrir nosso verdadeiro caminho nesta encarnação. Que possamos habitar por muito tempo na escuridão de nossas mentes, considerando todas as nossas falhas e nossas verdadeiras vontades.

A "Dança do Deus Coxo" agora é realizada. Enquanto isso estiver em andamento, qualquer uma dos Bruxos pode se aproximar do "Deus" e sussurrar para ele sua principal falha, pedindo orientação para corrigi-la. À medida que a pessoa avança, os outros imediatamente unem as mãos novamente, mantendo o Círculo em formação.

O canto a seguir é adequado, sendo simples, eficaz e permitindo liberdade de espírito.

Todos

Ee-evoe-ee (pronunciado lenta e suavemente)

Ao se aproximar do "Deus", qualquer pessoa pode oferecer uma vela acesa ou fornecer qualquer sinal para simbolizar fé e confiança.

A Dança não deve se limitar a um tempo, mas, quando estiver pronto, o Alto Sacerdote deve dar um sinal previamente combinado para que a dança cesse.

Se alguém entrar em transe, a Alta Sacerdotisa deve auxiliar essa pessoa enquanto a dança continua com o canto silenciado.

No final, todos ficam em completo silêncio enquanto o Alto Sacerdote pega uma lanterna acesa e a forquilha ou o bastão. Ele então prossegue com todos ao redor do Círculo, por três vezes, entregando os instrumentos em sua mão para cada Bruxo, que por sua vez, fazem o mesmo. A última pessoa devolve a lanterna e a forquilha para ele.

Enquanto estiver com os implementos em mãos, o Bruxo deve meditar sobre todos os aspectos de Saturno: sabedoria, idade avançada, tempo, morte, inverno, etc.

A execução do trabalho mágico acontece agora, se você assim o desejar.

FINALIZANDO O RITUAL

O Servo toca o Chifre para indicar a atenção da realidade Interna para a Externa.

Alta Sacerdotisa

Temos um longo caminho a percorrer, mas confiamos em ti e no tempo para nos levar à nossa verdadeira realização. Para nos tornarmos sábios e pacientes, aguardando nossa potencialidade no Cosmos.

Alto Sacerdote

Por que esperar? O tempo é sempre – Agora!

Todos circulam lentamente com as mãos unidas, com o seguinte canto:

Tome nosso desejo e dê à luz surgida;
Tu que habita na terra mais escurecida;
Tempo e maré vão se unir, isso é certo;
Para dar à luz, ao que for correto!

Ó, temido Deus, ouça nossa oração,
Pela tua chama e justo bastão;
Ouça teus filhos aqui reunidos com sua essência
Conceda nossa vontade e mostre condescendência

Que assim seja!

Todos fazem a saudação quíntupla ao Alto Sacerdote.

(Assegure-se de que esse ritual seja realizado durante a Maré da Recessão.)

O Rito de Júpiter

Dia	Quinta-feira
Incenso ou perfume	Goivo, lilás, alóe, noz-moscada, meimendro-negro, estoraque.
Madeira	Pinho
Cor	Roxa
Influências	Sorte, religião, comércio e emprego, tesouro, honras, riquezas, assuntos legais.

O Grande Benéfico. Assim, Júpiter é nomeado pelos astrólogos. O nome é uma variante latina para Zeus.

A posição deste planeta em um mapa natal é um dos aspectos mais importantes. Qualquer que seja a casa que ele governe ao nascer será encontrada fortuna. Júpiter se liga ao arcano de nº 10 do Tarô, a Roda da Fortuna.

O clima desse Rito deve ser de *confiança* e *esperança*.

De maneira usual, primeiro é lançado o Círculo. Os Bruxos então dão voltas ao seu redor com as mãos na cintura. Ao sinal de um toque de tamborin ou um sistro, todos se cumprimentam, trocando gracejos, beijos e exalando um amigável companheirismo. A atmosfera deve estar bem carregada de felicidade e boa camaradagem.

O Servo enche o chifre com vinho e o entrega à Alta Sacerdotisa, que o eleva acima do altar.

Alto Sacerdote

Grande é Júpiter, que Ele nos conceda boa sorte!

Todos brindam.

A Alta Sacerdotisa passa uma rodada da Taça e todos bebem livremente. Ela então a coloca no altar.

Alta Sacerdotisa

O prazer esteja conosco. O prazer esteja com todos que estão sob os olhar dos Deuses. Que saibamos isso. Se o trabalho for bem feito e desfrutado, seremos recompensados com prazer e felicidade triplicados. Então estejam em paz. Apreciem os presentes que Júpiter oferece a vocês.

Aqui, uma música de natureza alegre é tocada por um membro do grupo ou transmitida em um gravador. As Bruxas dançam como quiserem. No final, o Alto Sacerdote bate palmas para pedir ordem.

Alto Sacerdote

Agora Júpiter está entre nós. Vamos prestar-lhe a devida homenagem.

Todos se ajoelham em somente um dos joelhos.

Nós o saudamos, ó grande Júpiter. Seja bem-vindo!

Todos se levantam.

Alta Sacerdotisa

Ó! Grandioso, que dá alegria à humanidade. Louvamos a ti e confiamos que, por meio de nosso rito, estarás completamente satisfeito.

Que assim seja!

Uma dança em círculo com um cântico adequado deve agora acontecer e deve ser o mais alegre possível, com ocasionais saltos no ar.

Alto Sacerdote e Alta Sacerdotisa

Agora, boas pessoas, vamos clamar nossas maiores esperanças para Ele – o mais Jovial dentre Todos. Que todas as nossas esperanças sejam cumpridas. Se não hoje, no futuro desejado. Hurraya!

Todos

Hurraya!

Alta Sacerdotisa

Vamos considerar agora o objetivo de nosso rito. Podemos realmente dizer que somos tão felizes quanto deveríamos ser? Considere bem esta encarnação que nos foi dada. Se acreditamos nos Antigos, devemos tentar entender que nossa jornada é mais cuidadosamente protegida. Temos nossas próprias vontades, mas podemos não usá-las para os fins corretos. Não devemos ficar muito tempo tristes com os erros do passado ou com os entes queridos perdidos. Eles não desejariam isso – e nós, que conhecemos um pouco do Mistério da Vida, não somos os mais adequados para julgá-los. Então, Feliz Encontro e Feliz Partida, lembrem do velho ditado da Arte. Eleve a ferradura e também o seu coração. Isso é apenas uma brincadeira que estamos brincando.

O Alto Sacerdote levanta a ferradura, depois a coloca entre as velas do altar e mantém a posição. Ele então a entrega à Alta Sacerdotisa que a beija e a passa ao redor do Círculo.

Alta Sacerdotisa

Boa sorte, muita alegria para todos, eu digo. Que isso possa trazer a sorte para vocês.

Cada pessoa pega a ferradura e segura, fazendo mentalmente seu próprio desejo. Ao retornar, a Alta Sacerdotisa a entrega ao Alto Sacerdote que a coloca no centro do altar, com as pontas para cima.

A execução do trabalho mágico acontece agora, se você assim o desejar.

FINALIZANDO O RITUAL

O Alto Sacerdote segura a ferradura enquanto todos dão as mãos e circulam entoando o seguinte cântico:

Júpiter, Deus do arco-íris no céu;
Conceda nosso desejo fiel;
Tua bênção sobre nós agora brilha;
Pela Ferradura, Prego e Figa.

Trevo de quatro folhas, tu deves mostrar;
Para nos trazer sorte aonde possamos estar;
Gatos Pretos, Cucos, Lua nova também;
Ajude-nos agora em tudo o que nos convém.

Salve!

(Repita o canto três vezes)

O Rito de Marte

Dia	Terça-feira
Incenso ou perfume	Heléboro, cravo, patchouli, linaloés, tanchagem.
Madeira	Cedro
Cor	Vermelha
Influências	Coragem, cirurgia, força física, oposição, guerra, defesa, resistência.

Este rito está alinhado principalmente com coragem e força. Não apenas força física, mas a que geralmente é exigida de tempos em tempos para todos nós, a força do espírito. Marte se relaciona com o arcano nº 16 do Tarô, a Torre.

O simbolismo aqui é muito e variado. Em seu aspecto espiritual, a Torre denota a alma humana ficando face a face com a luz divina. O resultado pode ser iluminação ou destruição total. É, portanto, dependente da intenção do indivíduo e nos informa que qualquer estudante dos Mistérios deve ser adequadamente preparado antes de embarcar nos Planos Interiores. Se não houver uma base sólida sobre a qual crescer espiritualmente, a penalidade é muito clara. Aqui, a alma está em contato direto com o brilho total da consciência divina. O objetivo é a busca mística.

Como de costume, o Círculo é lançado.

No começo do rito, todos estão sentados de pernas cruzadas no chão. Os braços são cruzados sobre o peito com as mãos fechadas. A respiração deve ser profunda e rítmica. A mente se concentrando na energia cósmica, sob qualquer forma que o indivíduo sinta a ressonância. Visualize estrelas e planetas nascendo e correndo pelo espaço, Marte, em si, ou um símbolo de poder como o Gigante Cerne. Lembre-se de que é a influência de Marte que estamos tentando evocar.

Uma badala no sino significa o fim da meditação.

Os Bruxos se levantam lentamente, desdobrando os braços e abrindo as mãos. Levantando os braços em uma posição V ascendente, eles unem as mãos e começam a se mover em volta do Círculo, em um movimento lateral. Com um passo de cada vez, um ritmo deve ser mantido, batendo o pé esquerdo no chão.

Em algum momento durante o movimento o Alto Sacerdote vai ao altar e veste um capacete de chifres. A um sinal dado por ele, três batidas no chão, os membros param.

Alto Sacerdote
Vocês trazem verdade no coração?

Todos
Sim!

Alto Sacerdote
Vocês tem a verdadeira vontade?

Todos
Sim!

Alto Sacerdote
Vocês sentem o vento?

Todos
Sim!

Alto Sacerdote
Então, nada temam sob os céus, exceto aos Grandes Deuses.
(Uma badalada de sino)

Alto Sacerdote
Pelo poder da Terra; pelo poder da mente; pelo poder do corpo; pelo poder de Marte, que possamos ser agraciados. Levante o Cajado da Vida. Que por este símbolo possamos ver a força que governa a todos nós.

A Alta Sacerdotisa eleva o cajado (ou bastão, ou mastro) e o passa pelo Círculo. Enquanto o segura, cada pessoa evoca os sentimentos máximos de força e de energia que são capazes de transmitir. O símbolo é então devolvido à Alta Sacerdotisa, que o entrega ao Alto Sacerdote.

Alto Sacerdote

Segure o símbolo da força e da alegria e dê-lhe o devido reconhecimento. Circulem na Roda da Vida, com coragem e ambição.

Todos circulam lentamente em passo de marcha, a mão direita segurando o cajado, a mão esquerda no ombro da pessoa à frente (alternando masculino e feminino, se possível).

Todos

Ao redor deste símbolo, vamos marchar;
Não temendo nada que à frente possa estar;
A coragem em nós queima intensamente;
Como a roda das Bruxas girando eternamente.

Um por um em volta, vamos agora
Das costas às pontas dos pés sem demora;
Chama da coragem a brilhar,
Em nosso caminho para a luz exaltar.

Enquanto pisamos orgulhosamente,
Todos gritamos em voz ascendente;
Que possamos ser como este tão alto cajado
Equilibrado entre a Terra e o Céu elevado.

(Repita três vezes)

A Alta Sacerdotisa agora pega o cajado e o mantém na posição horizontal, enquanto os Bruxos ficam em silêncio no Círculo.

Alta Sacerdotisa

Mesmo que este cajado seja equilibrado em perfeição, assim possa ser o nosso entendimento em todos os assuntos, sem peso ou medida. Não favorecendo um lado mais que o outro. Para alcançar esse equilíbrio perfeito, precisamos procurar profundamente em nossos corações. Com mentes abertas e sem preconceitos, devemos nos esforçar para ver de maneira clara e objetiva e justa de fato, a todos os erros que são trazidos ao nosso conhecimento ou disputas que possam surgir entre nós. As balanças da justiça se equilibram ao vento. O veredito deve ser justo. Nossas almas devem pesar contra a Pena da Verdade.

(Coloque o cajado sobre o altar)

Não se deve deixar a culpa pesar a alma no atoleiro do desespero. A culpa deve ser arrancada de seu esconderijo escuro e trazida, trêmula, para a brilhante prateada lâmina da nobre espada. Corte com ela o que alimenta a inveja ou ódio, deixe-os perecer rapidamente, de uma só vez.

O Alto Sacerdote levanta a espada e a abaixa a sua ponta ao chão, fazendo uma leve força para curvar a lâmina.

Alta Sacerdotisa

Agora, a alma se libertará novamente, vendo com olhos claros, suas loucuras e erros. Assim, e somente assim, é o caminho da justiça e da força, na Arte .

Que assim seja!

Todos

Que assim seja!

(Coloque a espada sobre o altar)

Alta Sacerdotisa

Agora, levemente, a alma brota novamente, com renovada esperança e alegria.

As lágrimas da contrição curam as feridas que a atingiram.

A criança, mais uma vez, está plena. Abençoado seja!

Todos

Abençoado seja!

Alto Sacerdote

O grande teste de Marte é sempre a força. Não apenas no corpo, mas também na alma. Em todo tipo de aflição, mental ou física, Marte é a mais terrível de todas as nossas iniciações. Da mesma forma, hoje também. Os terrores e testes estabelecidos para todos os verdadeiros iniciados só podem ser superados pela coragem, a ferocidade pela gentileza, a ira pela honestidade, a raiva pela doçura. O Leão da luxúria e carnalidade só podem ser domados pelo poder da mente. O verdadeiro amor é o encontro de duas almas e, portanto, somente uma verdadeira união pode ser alcançada. O Leão então se torna um animal alado, o mais alto conceito de Amor. Essa união pode ser o Portal do renascimento de uma alma "antiga".

A execução do trabalho mágico acontece agora, se você assim o desejar.

FINALIZANDO O RITUAL

Todos circulam lentamente, com um passo majestoso dizendo:

Consagre nossa alma nesta noite;
Encha-nos agora com a luz mais doce;
Com teu ouro purifique o que amamos;
Para que possamos ver os Deuses que adoramos.

Circule tudo com passos iluminados,
Para que nossos terrores encontrados;
Sejam rapidamente acalmados e curados fortemente
Como ao guerreiro no campo antigamente.

(Repita três vezes)

O Alto Sacerdote levanta a espada e a Alta Sacerdotisa ergue a coroa. A Alta Sacerdotisa baixa lentamente a coroa sobre a espada erguida.

Todos

Saudações a ti, ó, espada de aço;
Contigo nossos erros selamos nesse passo;
Coroada seja a tua lâmina prateada,
Derrubando nossos terrores e tornando nossa ira subjugada.

O Rito do Sol

Dia	Domingo
Incenso ou perfume	Heliotrópio, flores de laranjeira, cravo, incenso, almíscar, âmbar-cinza, mastique, paliginia, óleo de girassol.
Madeira	Louro
Cor	Amarela ou dourada
Influências	Saúde, cura, confiança, esperança, prosperidade, vitalidade.

O Rito do Sol é o mais alegre e está associado ao sucesso em todos os empreendimentos. Pode ser realizado quando um raio de luz espiritual é necessário ou quando a energia é necessária em um nível físico. A carta de Tarô que representa o Sol mostra duas crianças brincando e rindo juntas em seu próprio mundo mágico particular. Em todas as tradições dos Mistérios, o princípio de que "vós deveis ser como crianças" é um dos mais importantes. Afasta as camadas de convenção, artificialidade, a chamada respeitabilidade e tudo o que separa a alma de sua verdadeira potencialidade e divindade. Crianças não são bobas, tampouco são inferiores aos mais velhos. É verdade que suas mentes não estão totalmente desenvolvidas, mas também não estão desordenadas ou fechadas pela estrutura social do que é estabelecido. O verdadeiro significado desse mistério é ser "Verdadeiramente Livre", tanto na mente quanto no corpo, e totalmente inocente.

Neste rito, algum tipo de fogo deve estar pronto para ser aceso no Círculo. Um dos lugares mais seguros dentro de casa é dentro de um caldeirão ou recipiente semelhante. Pode haver uma lata redonda dentro do caldeirão, na qual é colocada uma bobina de barbante de amianto. Uma pequena quantidade de álcool desnaturado é derramado sobre o fio e criará uma chama muito boa, sem fumaça e com muito pouco cheiro.

O Círculo é erguido.

Alta Sacerdotisa

O Rito do Sol está prestes a acontecer;
Acorde do sono para sua parte fazer;
Serão teus o ouro e toda glória;
E para todos, sua luz brilhará sem demora.

Entre no labirinto para me acompanhar;
Como nos velhos tempos era possível realizar;
Deus e Deusa aqui juntos vamos;
E os mistérios antigos alcançamos.

Conforme aqui caminhamos embaixo;
Mostra-nos do caminho os passos;
Através do Portal de Chifre agora chegamos;
Diante dos governantes do nosso destino estamos.

A Alta Sacerdotisa lidera a Dança do Labirinto, que pode ser realizada em um padrão espiral. Ela leva os dançarinos ao redor do Círculo, voltando de vez em quando até que o centro, onde fica o caldeirão, seja alcançado.

Ela então pega uma vela e acende o fogo do caldeirão na vela do altar.

Alta Sacerdotisa

Pegue esta chama e que seja assim;
Com todos vocês – eternamente e sem fim!

Veja como a chama está brilhante;
Sinta como nosso coração se une pulsante;
Grande é a luz solar;
Trazendo todos nós a um só lugar
Venha!

Um a um, os Bruxos se aproximam da Alta Sacerdotisa, em deosil. Ela dá a cada um uma vela, que eles acendem no fogo do caldeirão. As mulheres também são presenteadas com uma guirlanda de flores, que ela coloca sobre suas cabeças (se isso não for possível, elas recebem uma única flor para usar em seus cabelos).

O Alto Sacerdote levanta o bastão acima do caldeirão e invoca:

Invocamos a ti Senhor da Luz, doador da Vida e da Fertilidade. Tuas crianças se reúnem ao redor deste fogo, como nossa Terra e planetas se reúnem ao redor de ti, recebendo teu calor abençoado e raios milagrosos.

Ó, Grande – símbolo da Força Suprema e Masculina da Vida, tua luz dourada brilha nos rostos de tuas crianças, enquanto nos maravilhamos com teu enorme poder. Como com a própria Divindade, nossos olhos não podem contemplar a tua majestade, para que não fiquemos cegos pelo seu brilho. Só podemos olhar para ti através de superfícies escuras e sentir o teu calor através da grande distância que nos separa. Da mesma forma, com a fonte espiritual oculta da criação, nossas almas não poderiam enfrentar a glória e a luz indizíveis.

No entanto, os antigos caminhos da Roda do Sol nos mostram os caminhos que devemos seguir para nos prepararmos e purificarmos. Caminhos que, mesmo nesta vida, permitem que a alma cresça e obtenha um estado de êxtase, que informa e dá um vislumbre das alegrias desse estado supremo de espírito. Nossa jornada é de admiração e deleite – de inocência e iluminação, ao trilharmos o Caminho Óctuplo.

Segurando suas velas, os Bruxos agora andam em volta do Círculo com o seguinte canto:

Todos

Grande é o Sol; grande é a seu poder;
Seguindo-o para onde a sua luz crescer;
Sinta-o por dentro; sinta-o fora;
Com alegria cantamos e gritamos agora:

Glória ao Deus; glória ao Sol a reluzir;
Pegue-nos em tuas mãos e nos faça unir;
Nós somos como o fogo, queimando e flamejando;
Conforme elevamos, nosso direito de nascença vamos alcançando

(Repita esse canto três vezes)

Os Bruxos agora permanecem em silêncio; meditando sobre a chama de suas velas.

Alta Sacerdotisa

Agora, ouça e preste atenção a estas palavras. Não foi à toa que um fogo continuou queimando sem cessar nos círculos de pedra de nossos ancestrais. Para eles, servia a muitos propósitos: proteção contra animais selvagens, um meio de manter o corpo aquecido no inverno e uma maneira de cozinhar a comida. Dizem que nove virgens mantinham uma vigília sobre o fogo e nunca permitiam que ele se apagasse. Assim, era uma coisa verdadeiramente mágica. Três delas cuidavam do fogo, três procuravam combustível, enquanto as três restantes descansavam. Deuses e homens viviam muito próximos e cada um compartilhava os perigos e alegrias do outro. Religião e vida cotidiana eram uma só. Tome este fogo físico e siga-o até suas dimensões interiores e você o perceberá como energia pura. Um ou outro de seus aspectos está no centro de toda estrela e no coração de todo homem. Evoque este mais primitivo de todos os elementos, dentro de vós.

A execução do trabalho mágico acontece agora, se você assim o desejar.

FINALIZANDO O RITUAL

O Círculo entoa:

Todos

Ó! Fogo mágico que visualizamos;
Através de ti aspiramos;
Nos conceda o renascimento;
Na nossa Mãe Terra que nos dá alimento.

Como fogos antigos sem demora;
Se desenrola sua história;
Para regenerar e ir além;
Para nos fazer sentir bem.

Nas colinas de outrora;
Tuas chamas adoramos nesta hora;
Todas vontades uma só vão se tornar;
E assim chegamos juntos ao Deus Solar.

(Repita este canto três vezes)

Alto Sacerdote

Quais são as coisas que nos fazem sentir grandes?

Todos

Flags, flax, fodder e frig!

O Servo toca o chifre.

Alto Sacerdote

Guarda bem a tua luz, é o símbolo vivo da tua própria alma. Agora, faça uma pausa e saiba: que somente as suas aspirações mais elevadas serão contempladas.

O Círculo permanece agora em silêncio por pelo menos cinco minutos. No final, o Servo toca novamente o Chifre para indicar a mudança de consciência.

Alto Sacerdote

Vá agora em direção à luz.

O Rito de Vênus

Dia	Sexta-feira
Incenso ou perfume	Jasmim de Madagascar, flor de maçã, almíscar, açafrão, verbena, damiana (erva afrodisíaca).
Madeira	Murta
Cor	Azul-clara, verde-clara ou rosa
Influências	Todo amor vale a pena, afetos, parcerias, sexo, harmonia espiritual, compaixão, amizades, descendência.

O Rito de Vênus é excelente para promover afeto e ressonância entre os membros do Coven. Dito isto, é bom considerar a gama formidável de emoções que podem surgir. Digo formidável porque os poderes de Vênus variam do mais alto amor espiritual à variedade carnal mais feia e desagradável, que pode possuir uma pessoa, corpo, mente e alma – com as mais terríveis consequências.

É bom considerar a verdadeira intenção do rito e observar esses aspectos amplamente diversos de Vênus, por meio de sua regência dos signos de Touro e de Libra, nos quais eles são expressos. Vênus é o arcano nº 3, no Tarô, o portador de uma nova vida. Portanto, qualquer trabalho relacionado aos poderes reprodutivos da natureza, sob qualquer forma, é permitido neste rito. A Imperatriz é retratada com o sigilo de Vênus em seu escudo e possui um símbolo fálico, a Grande Mãe, Ela mesma!

A iluminação nesse ritual deve ser muito suave. Possivelmente um brilho rosa-avermelhado que poderia ser obtido pelo uso de uma lâmpada da cor adequada. Uma vela é a luz suficiente sobre o altar.

Esse ritual exige parceiros, que podem ser do mesmo sexo, de acordo com a disponibilidade e/ou preferência.

Lance o Círculo

Se possível, os Bruxos permanecem alternadamente, homens e mulheres, em volta do Círculo. Quando prontos, a Alta Sacerdotisa toca um sino, gentilmente, por seis vezes.

Alta Sacerdotisa

Sussurre aos nossos corações. Ó! Deusa Gentil. Entre em nossas almas e encha-nos de prazer. Brilhe tua luz brilhante sobre nós, teus filhos. Que isso persista por muito tempo e nossos olhos brilhem com o mesmo brilho que nos olhamos.

As mulheres agora dão dois passos à frente e se viram para ficar face a face com os homens (fazendo dois círculos). Elas estendem as mãos para o homem na frente delas e o beijam nas duas bochechas, esquerda e direita. Elas repetem essa ação com todos os homens, indo em deosil ao redor do Círculo. Alto Sacerdote e Alta Sacerdotisa incluídos.

A Alta Sacerdotisa toca o sino três vezes.

Alta Sacerdotisa

Se aproxime agora do homem de sua escolha e conceda a ele o sinal de seus lábios.

As mulheres vão até o Bruxo de sua escolha, o abraçam e o beijam nos lábios. Os casais então unem as mãos e circulam em deosil com as seguintes palavras:

Todos

Abençoados, abençoados, abençoados somos nós
— por poder a Pomba compartilhar.

Precioso, precioso, precioso seja
— o que de cima vem dela onde quer que possa estar.

Cuidar, cuidar, cuidar, nós vamos
— com o perfeito amar.

(Repita, três vezes)

Cada casal agora avança em direção ao altar. Eles se curvam, depois levantam os braços e, com as mãos ainda entrelaçadas, passam um de cada lado. Quando todos executam essa ação, formam novamente o círculo, mantendo-se ainda em casais.

A Alta Sacerdotisa se move atrás do altar e fica na posição de Deusa, com as mãos apoiando os seios.

O Alto Sacerdote se ajoelha e faz a saudação quíntupla, depois se move para a frente do altar, para que fique agora entre eles. Ele invoca fazendo uma "figa" com a mão (*mano in fica*) e desenhando o Pentagrama Invocante diante dela.

Alto Sacerdote

Venha até nós. Ó! Tu, com os quadris curvilíneos, pele branca e cabelos dourados. Nos atormente com teu olhar malicioso, sob as sobrancelhas arqueadas. Permita-nos vislumbrar a paixão nos teus olhos azul-marinho e sentir o teu hálito quente e doce sobre nós. Ó! Dá-nos os teus lábios de cor escarlate, umedecidos pela serpente rosa voluptuosa, que desliza de seu covil de pérolas e nos acena, tão lascivos como um arminho.

Marfim são os teus braços que emolduram os teus belos seios, picos gêmeos que o Sol arrebatou antes de procurar descanso. Meus olhos estão ofuscados pelo teu esplendor, ó, Magnificente, tua máscara escura de pelo de bode trai teu Mistério oculto. O véu de seda que oculta o centro de toda a existência – o núcleo de toda estrela. Eu me curvo diante de ti e te dou a devida honra. Beijo os teus pés onde brotam flores e joias, em busca de ti. Teu perfume é mais doce que tua flor mais exótica. Saudações! Saudações! Saudações! Vênus, Estrela da Noite!

Todos

Saudações! Saudações! Saudações! Vênus, Estrela da Noite!

(Essa invocação deve ser feita com o máximo de fervor possível, como se estivessem falando com a própria Deusa).

Alta Sacerdotisa

Dê-me meu sistro para que eu possa agitar os ventos e fazer sua respiração acelerar da mesma maneira.

O Servo ou a Donzela entregam o sistro à Alta Sacerdotisa com um beijo. A Alta Sacerdotisa começa a dançar com o sistro, movendo-se em volta do Círculo. A Dança deve ser realizada com movimentos voluptuosos. Se a Alta Sacerdotisa não tiver experiência nesta arte, ela deve praticar alguns movimentos antes do ritual, embora a invocação deva fazer sua própria mágica. Música adequada pode ser reproduzida, se desejado.

Quando a Dança termina, a Alta Sacerdotisa retoma seu lugar no Norte do Círculo e fica em posição de pentagrama, simbolizando os poderes manifestos que foram invocados.

Este é o sinal para que todos possam dançar livremente, da forma que quiserem.

A execução do trabalho mágico acontece agora, se você assim o desejar.

FINALIZANDO O RITUAL

Alta Sacerdotisa

O Rito está terminado e todos se tornam Um. Agora vamos encher a taça, para que todos possam brindar à Deusa do Amor e da Alegria.

O Alto Sacerdote enche a taça ou o chifre com vinho. Ele a entrega à Alta Sacerdotisa, que a abençoa:

Alta Sacerdotisa

Ó! tu, recipiente maravilhoso, que como Ela está sempre transbordando de amor e compaixão. Seja nosso guia e companheiro nesta vida, para que nós também possamos ser preenchidos. Receptor Santíssimo, Generoso. Doador de Vida desde o Ventre do Tempo. Conceda-nos tuas bênçãos, para que nossos corpos sejam verdadeiramente uma parte de ti. Que assim seja!

A Alta Sacerdotisa bebe da taça e a entrega ao Alto Sacerdote, que faz da mesma forma. Ele então a passa pelo Círculo. Cada Bruxo passa para o próximo com as palavras:

De mim para ti; Que assim seja!

Alto Sacerdote

Irmãs do Sangue, abracem agora sua Sacerdotisa, para que os poderes invocados através dela possam habitar em todas vocês.

As mulheres abraçam a Alta Sacerdotisa, uma a uma. Depois retornam aos seus parceiros, abraçando-os de maneira semelhante.

Alta Sacerdotisa

Agora está brilhando minha estrela;
Neste Círculo de luz verdadeira;
Rosa e azul piscando a brilhar,
Estrela mais iluminada do nosso sonhar.

O amor dentro de nossos corações vai luzir;
E aqui esta Roda de Bruxos vai partir;
Deusa Verdejante, dê o mesmo às sementes que crescem
E assim todas as necessidades perecem.

O Servo toca o sino para encerrar o Rito.

O Rito de Mercúrio

Dia	Quinta-feira
Incenso ou perfume	Ervilha-doce, lavanda, cravo, canela, cinco-em-rama, mastique.
Madeira	Avelã
Cor	Amarela-clara
Influências	Conjurações, previsões, conhecimento, escrita, eloquência, discurso, rapidez, melhoria do poder mental, poesia, inspiração, cura de distúrbios nervosos (não doenças).

O Rito de Mercúrio deve ser realizado com atenção. A mente é o território mais importante aqui. O corpo deve estar equilibrado, como se estivesse se preparando para voar. Os videntes do Círculo rapidamente recebem uma comunicação do "Mensageiro dos Deuses". Esse é o rito, por excelência, para sintonizar a mente, melhorar a fala e estimular a imaginação. O Ar é a esfera de Mercúrio, simbolizada por seu capacete e sapatos alados. A capacidade de subir para qualquer nível, espiritual e mental. O sigilo também é necessário. O manto de ocultação de Mercúrio mostra o ditado "uma língua quieta mantém a mente sábia", a lei mais difícil da Magia: *guardar segredo*.

A sabedoria não pode ser alcançada pela leitura de livros ou por qualquer tipo de ensino. O saber nasce da loucura ou do amadurecimento, não pode ser comprado. O dedo de Mercúrio aponta o caminho – para cima. O dedo indicador também é usado para o silêncio, quando colocado contra os lábios, ou como uma advertência a uma criança travessa. A ponte pode ser atravessada e a mente pode ser treinada para esse estado de consciência onde está "unida" com os Deuses.

Manter o coração jovem é uma bênção (o jovem Dionísio foi entregue aos cuidados de Mercúrio). A inocência é uma virtude peculiar. Este também é um "presente dos Deuses", um presente de Mercúrio, que concede proteção à alma, um atributo de valor inestimável, que a alma pode levar consigo para a encarnação. Aqueles que são abençoados dessa maneira não podem ser corrompidos pelos males deste mundo.

Mercúrio se conecta com o arcano nº 1 do Tarô, o Mago, mostrando que toda ação tem suas origens na mente que se une à Mente Universal, de onde vem toda manifestação física e material.

Lance o Círculo

O Rito começa com o Servo (ou Donzela) tocando o chifre cinco vezes (a respiração deve ser controlada para que o tom não seja muito alto). Os Bruxos então dão as mãos e começam a se mover pelo Círculo, em deosil. Muito devagar a princípio, depois aumentando gradualmente até atingir a maior velocidade possível.

Todos

O Chifre, o Chifre, ouvimos o Chifre, estridente e doce a soar;
A nota, a nota, ouvimos a nota; obrigando-nos a encontrar.

Elevar, elevar, devemos nos elevar; em corpo, alma e mente;
Participar, participar, devemos participar;
se quisermos alcançar nosso objetivo sabiamente.

Rápido, rápido, devemos ser rápidos;
para vislumbrar suas formas prateadas;
Se esforçando aqui e ali, suas tarefas serão executadas.

Feliz, feliz, nossos corações estão felizes;
o caminho será por ele encontrado;
Uma forma bonita, com olhos azuis e cabelo dourado cacheado.

(Repita três vezes)

Alto Sacerdote

Escreva uma canção de amor, toque as flautas; deleite-se com a sua alegria;
Ele ouvirá e logo comparecerá ao nosso Círculo aqui na Terra, em euforia.

Levante a espada do altar.

Esta espada eu elevo; em símbolo e o sinal;
Da eloquência, inteligência e sabedoria, dos teus dons divinos afinal.

Nossa vontade é aqui expressada, para seguir às tua visão;
Com passos nunca vacilando; no nosso caminho da luz com precisão.

O Alto Sacerdote carrega a espada em volta do Círculo para cada pessoa que a saúda beijando a lâmina. Ele então retorna ao centro do Círculo e fica com a espada levantada.

Alto Sacerdote

Quem quer ajuda no campo de Mercúrio é instruído a atender a estas palavras. Mantenha a mente aberta em todas as coisas, esteja sempre alerta e pronto para aprender. Não zombe das palavras de outras pessoas. Se eles falam a verdade, você é o tolo. Se eles não fazem sentido, estão te ensinando um sentido. Lembre-se, existem almas maiores e menores que você, intelectos maiores e menores que os seus. Avalie apenas o seu progresso, com a sua própria paciência com a ignorância e o seu respeito pela competência. Toda alma e estrela está aspirando em sua essência. Cada um lutando para evoluir da melhor maneira possível. A Era de Aquário trará novos impulsos cósmicos: a percepção de que todo homem deve ser seu próprio salvador. A responsabilidade por suas próprias ações será inevitável para o desenvolvimento espiritual do homem no Cosmos. Em cada nova era, um impulso zodiacal apropriado é liberado e se fixa no subconsciente, onde encontra solo fértil para se manifestar no mundo. A palavra "Pisciano" significou por um momento alcançar ressonância espiritual com Deus, já que os dois peixes se encaixaram um no outro. No sacerdócio cristão, e pela ganância do homem por poder e riqueza, tornou-se exatamente o oposto. A renúncia à responsabilidade na mente e no corpo, uma saída fácil! Os encargos cármicos foram assim tornados mais pesados. A absolvição dos pecados gerou libertinagem. O homem se tornou dependente do padre por sua alma. A Igreja é predadora do homem para obter ganhos materiais. À medida que a Era de Peixes termina, as escamas de peixe estão caindo dos olhos do homem. Ele está finalmente começando a pensar por si mesmo novamente, e a "mensagem" está se tornando clara para muitos. A palavra "aquariano" pode muito bem ser tolerância, minha e dos demais. Examine mais profundamente esse atributo; há mais aqui do que você pensa. É um atributo que gera autorrealização, prova e, portanto, responsabilidade por toda a estrutura física, mental e espiritual.

O Alto Sacerdote devolve lentamente a espada sobre o altar.

Alta Sacerdotisa

Enquanto a mente está meditando na sabedoria dessas palavras é dada uma chance de objetivar suas próprias aspirações, na forma de Mercúrio.

O Servo pega uma bandeja de prata do altar contendo pedaços de papel e uma caneta. Ele apresenta isso a todos os membros que, por sua vez, escreverão suas próprias esperanças pessoais em um dos pedaços de papel, dobrando-o e recolocando-o na bandeja. Essa parte do ritual não deve ser apressada, com a sensação de "estar mantendo a próxima pessoa esperando". As petições devem ser apresentadas da forma mais concisa possível.

A Alta Sacerdotisa se aproxima de cada pessoa com uma vela acesa, em antecipação ao Servo.

Alta Sacerdotisa

Que seja essa vela um farol para vós;
Como era nos dias de antigamente, o espírito contempla.

A Alta Sacerdotisa repete essas palavras para todos os membros e espera com a vela até que todos tenham escrito seu pedido.

Quando todos terminarem, a Alta Sacerdotisa entrega a vela para o Alto Sacerdote e vice-versa. E, finalmente, ela é recolocada no altar.

O Servo ergue os pedidos.

Alta Sacerdotisa

Aqui estão as visões de nossas mentes; como bebês recém-nascidos, elas são responsabilidade de todos nós! Ousamos dar-lhes vida?

Todos

Nós ousamos!

Alta Sacerdotisa

Que assim seja! Quem não se arrisca, não obtém vitórias. Nós os fazemos nascer e agora devemos liberá-los para fazer seu trabalho nos Níveis Internos.

O Servo entrega os pedidos para a Alta Sacerdotisa que então traz o caldeirão para o centro do Círculo. A Alta Sacerdotisa coloca os papéis nele.

Alta Sacerdotisa

Que sejam enviados todos aos cuidados de Mercúrio, com segurança e com luz.

Cresçam e floresçam com fragrâncias raras, desde a noite mais escura.

Com a vela do altar, o Alto Sacerdote acende o fogo no caldeirão. Enquanto as chamas brotam, a Alta Sacerdotisa e o Alto Sacerdote se juntam ao Círculo dos Bruxos. A Alta Sacerdotisa sussurra uma palavra no ouvido do Bruxo à sua esquerda. À medida que cada Bruxo a recebe, adiciona uma palavra a ela, antes de passá-la para a próxima pessoa. Deve ser uma sentença apresentável de alguma importância no momento em que retorna à Alta Sacerdotisa. Pode ser de grande valor para o Círculo. Em todo o caso, a Alta Sacerdotisa anuncia a sentença inteira ao Coven. Isso pode ser repetido quantas vezes desejar.

A execução do trabalho mágico acontece agora, se você assim o desejar.

FINALIZANDO O RITUAL

O Círculo entoa o cântico.

Todos

Fogo no caldeirão; fogo na mente;
Ins-pi-ra-ção é teu nome, e que viventes
Serpentes pretas e brancas entrelaçadas
Segure teu cajado, para que as visões nos sejam dadas
Poderes de cura que a nós concede,
Beleza brilhante que a tudo precede.

Raio prateado – poética arte a brilhar;
Mercúrio – para nós vai comunicar.

Mensageiro de divina luz,
Brilhando em nosso santuário sagrado nos conduz;
A ti nossos louvores cantarolamos;
Dançando neste Círculo Wiccaniano.

(Repita três vezes)

O Rito da Lua

Dia	Segunda-feira
Incenso ou perfume	Papoula branca, rosa branca, queiranto, murta; artemísia; cânfora; cedro.
Madeira	Salgueiro
Cor	Prata ou branca
Influências	Agricultura, vida doméstica, medicamento, viagem, visões, sorte, aspectos femininos, água, nascimento, tempo, alcance (Lua nova), emoções.

O Rito deve ser realizado com o entendimento de que a Lua é a regente do Plano Astral. A Lua também controla todos os fluidos nos seres humanos, bem como na natureza. Fluxo é a palavra-chave, fluxo e refluxo, escuro e claro, cheio e vazio, mudança, em todas as suas formas. Homens e mulheres têm mudanças em seus corpos, controladas pela Lua. Pensava-se que a Umectante, como ela era conhecida, também era a controladora da sorte do homem, quando ela muda de brilho na fase cheia, para desaparecer de vista, ao final de um mês.

A Lua nova é a Caçadora Prateada, a Donzela dos Mistérios. A Lua cheia é a Mãe, quando ela reflete completamente a luz do sol e ele toma a luz dela, a Rainha dos céus. A Lua minguante é a Anciã, balançando na cadeira, deslizando baixo no céu, quando todas as pessoas "boas" estão em segurança. Guardiã de nossos mais secretos pensamentos interiores, saber, astúcia. Assim, a Lua reflete e rege as emoções, impulsos sexuais e, em um nível superior, sua imaginação e a mente subconsciente. No Tarô, a Lua é o arcano número 18. Um mais oito é igual a nove , o número da Lua. Entre outras coisas, a carta mostra o glamour e a compulsão que a Lua tem sobre o reino animal. E, embora o homem também sinta esses impulsos, o caminho da água até as montanhas distantes diz que seu objetivo ainda está além da Lua e de seu fascínio.

A apreciação e as experiências que a Lua oferece podem ser de grande benefício para o iniciado, mas elas não são o objetivo. Da mesma forma, os dons da clarividência e da clariaudiência são benéficos, mas não são a realização final da alma.

Lance o Círculo

No início do rito, as únicas velas acesas são as que ficam nos quatro pontos do Círculo. Um espelho, ou superfície reflexiva semelhante, é necessário. Idealmente, isso deveria estar no lado Norte ou no próprio altar.

Os membros permanecem em silêncio em volta do Círculo. A Alta Sacerdotisa pega o sistro e o agita nove vezes. Ela agora acende a primeira vela do altar, que é de cor vermelha.

A Donzela, ou uma mulher mais nova que a Alta Sacerdotisa, vem a seguir e acende a segunda vela do altar, que é a de cor branca.

A terceira mulher, mais velha que a Alta Sacerdotisa, acende a última vela, preta ou azul-escura. Juntas, eles erguem as velas para refletirem no espelho e mantêm esta posição. Então, lentamente, elas se voltam para o Sul, ainda segurando suas velas (costas para o altar).

Durante esses movimentos, as três Bruxas devem meditar e se identificar com o aspecto particular da Lua que estão representando.

Donzela

Pura sou eu quando você vê pela primeira vez
O arco prateado que por trás da árvore se fez.

Nesse estado todos os homens vêm a mim;
Essa é a essência do meu mistério, que seja assim!

Alta Sacerdotisa

Eu sou a doadora fecunda da vida a crescer,
Mas todos que vivem são obrigados a morrer.

A perfeição é mostrada em mim
Sou como a Mãe de todos em terra e mar, que seja assim
Eu governo as marés da morte e do nascimento
Para todos os que habitam na Terra com contentamento.

Não temas o futuro do teu Destino, afinal;
Teu fim verá outro Portal!

Anciã (Crone)

Eu, a sombria, agora contemplo
Todos os teus segredos que eu envolvo no tempo.

Se minha imagem você pode suportar;
E ir ao abismo você ousar;
O Caminho Prateado será teu então.
Para te levar ao meu santuário sagrado de contemplação.

Todas as três

Três em Uma e Uma em Três:
A forma mais antiga da Trindade se fez.

Deusa Tríplice; somos as mães em sua ideia,
Ísis, Rhea e Binah Geia!

As Mães agora se voltam para o altar e colocam suas velas sobre ele, branca à esquerda, vermelha no centro, azul escuro à direita. Elas formam um pequeno círculo em frente ao altar e o circulam três vezes. Em seguida, de mãos dadas, elas circulam três vezes novamente. Por fim, elas circulam três vezes, com os braços em volta da cintura uma da outra.

A Donzela agora pega o flagelo do altar e a Alta Sacerdotisa pega sua vela vermelha, enquanto a Anciã levanta o athame. Cada uma delas mantém seus símbolos em uma mão, enquanto um único pilar é feito ao ficarem juntas. A Alta Sacerdotisa fica de frente, a Donzela à direita e a Anciã à esquerda. Seus braços livres devem estar se tocando. Elas mantêm esta posição.

Todas

Saudações a Mãe Lua, a Deusa Saudamos!
Grande da noite, todos saudamos!

Escuro para claro e claro para escuro;
Atravesse o céu girando;
Nós, na Terra, entendemos o que é obscuro,
Nossa fé em ti, afirmando.

Mostra-nos teus raios de prateada,
A vida em todo o seu significado,

Nos guiando nos caminhos da natureza encantada,
Senhora do que temos sonhado.

Governante da lareira e do lar sagrados,
Senhora da maré que cresce,
Todos os nossos dias por ti são abençoados
Enquanto nesta Terra permanece.

Quando for cortado o prateado cordão
Na luz astral sagrada,
Atravessaremos o rio em sua direção
Para dentro de tua visão ilimitada.

Que assim seja!

As Mães repousam seus símbolos sobre o altar e ficam de mãos dadas. O Servo enche a taça com água e a apresenta ao Alto Sacerdote: que é quem a segura para as Mães.

Alto Sacerdote

Rainha da Noite, rogo-te que abençoe este teu elemento Água, o fluido mais precioso da Vida.

A Alta Sacerdotisa pega a taça, enquanto a Donzela e a Anciã se ajoelham, uma de cada lado, de frente para a outra. Todos as três levantam a taça e mantêm a posição.

Alta Sacerdotisa

Abençoamos esse fluido e o consagramos em nome da Magna Mater.

Donzela

Que seja preenchido com pureza e amor.

Anciã

Dê a todos que dela participam Inspiração e Sabedoria.

O Alto Sacerdote recebe uma taça e bebe dela. Ele é seguido por todo o Coven. As Mães bebem por último e entregam a taça ao Servo que a recoloca no altar.

As Mães agora se juntam às outras e lideram a seguinte dança:

Todos

Fluir – Reluzir – Aumentar,
Conduzir – Preencher – Brilhar,
(*Deosil*)

Receber – Prazer – Doar
Vazar – Minguar – Evanescer,
Segredar – Eternizar – Esconder,
(*Widdershins*) No sentido anti-horário

Escurecer – Misteriar – Envolver
Fluir – Reluzir – Aumentar,
Conduzir – Preencher – Brilhar,
(*Deosil*)

Receber – Prazer – Doar
(*Repita cada verso três vezes, invertendo a direção da Dança, conforme orientado*).

A execução do trabalho mágico acontece agora, se você assim o desejar.

FINALIZANDO O RITUAL

O Alto Sacerdote entra no centro do Círculo.

Alto Sacerdote

Venham a imagem da Lua olhar;
Sua face contemple;
Revelações ela pode mostrar
Por sua graça especialmente.

Memórias de outras máscaras passadas
Que sua alma já usou anteriormente;
Símbolos, sinais e coisas suspeitadas,
Que o destino ainda guarda reservadamente.

Um a um os Bruxos se aproximam do Espelho Mágico e o observam por alguns minutos. Se desejado, isso pode ser seguido por quantas pessoas quiserem, cada um observando em seus próprios espéculos individuais. Qualquer resultado deve, é claro, ser registrado.

O Servo pega um caldeirão ou recipiente cheio de água, de baixo do altar, e o coloca no centro do Círculo.

O canto a seguir é liderado pelas Mães. A Dança deve ser realizada de mãos dadas, o ritmo é firme e gracioso:

Todos

Ó! Lua dos humores, nós seguimos a ti na noite escura brilhante;
Nos enchendo de visões raras, Senhora dos nossos sonhos incessantes.

Desenha-nos com teu raio prata, através do Portal de Chifres ancestral;
Para que possamos chegar perto de ti, Senhora do nosso Destino final.

Na superfície escura, de água ou de vidro tudo pode ser,
Passado ou presente podem ser vislumbrados,
assim como o que virá a acontecer.

Múltiplos encantamentos lunares,
de amor em todas os seus aspectos imaginados
Aparecendo quando menos suspeitamos, nos lugares mais inusitados.

As Águas da Vida que você dá livremente, ao seu ventre balançar,
Governante do nascimento e renascimento, do berço e da sepultura.

Nove é o número da tua orbe, nove é seu número com certeza
Nove são as Luas que são necessárias para
uma nova vida nascer com beleza
Senhora Caçadora, Deusa do Arco Prateado,
Senhora, pura és para todos,
pois poucos podem ver o teu rosto encantado.

O Servo enche a taça com água tirada de um recipiente e a entrega ao Alto Sacerdote, que se dirige à Alta Sacerdotisa:

Alto Sacerdote

Senhora da Luz, abençoe-nos este fluido lunar, para que sejamos Unos em seu Mistério.

A taça é oferecida à Alta Sacerdotisa.

Alta Sacerdotisa

Seja esta água sagrada consagrada. Que todos os que forem tocados por ela sejam abençoados e limpos. Que um lindo arco-íris brilhe sobre eles, assim como o véu da chuva transforma a luz do Sol em um arco de cores milagrosas. Venham!

A Alta Sacerdotisa esvazia a taça no caldeirão. Os Bruxos se aproximam separadamente, na seguinte ordem: Donzela, Anciã, Alto Sacerdote, Servo e membros. Eles são borrifados com a água do caldeirão pela Alta Sacerdotisa. O Alto Sacerdote borrifa a Alta Sacerdotisa, por último.

Todos formam um círculo de mãos dadas, aproximam-se do caldeirão e se ajoelham, mergulhando as mãos unidas na água.

Apêndice: A Sequência dos Períodos Planetários

	Horas	Domingo	2ª Feira	3ª Feira	4ª Feira	5ª Feira	6ª Feira	Sábado
Horas do Dia	1	Sol	Lua	Marte	Mercúrio	Júpiter	Vênus	Saturno
	2	Vênus	Saturno	Sol	Lua	Marte	Mercúrio	Júpiter
	3	Mercúrio	Júpiter	Vênus	Saturno	Sol	Lua	Marte
	4	Lua	Marte	Mercúrio	Júpiter	Vênus	Saturno	Sol
	5	Saturno	Sol	Lua	Marte	Mercúrio	Júpiter	Vênus
	6	Júpiter	Vênus	Saturno	Sol	Lua	Marte	Mercúrio
	7	Marte	Mercúrio	Júpiter	Vênus	Saturno	Sol	Lua
	8	Sol	Lua	Marte	Mercúrio	Júpiter	Vênus	Saturno
	9	Vênus	Saturno	Sol	Lua	Marte	Mercúrio	Júpiter
	10	Mercúrio	Júpiter	Vênus	Saturno	Sol	Lua	Marte
	11	Lua	Marte	Mercúrio	Júpiter	Vênus	Saturno	Sol
	12	Saturno	Sol	Lua	Marte	Mercúrio	Júpiter	Vênus

	Horas	Domingo	2ª Feira	3ª Feira	4ª Feira	5ª Feira	6ª Feira	Sábado
Horas da Noite	1	Júpiter	Vênus	Saturno	Sol	Lua	Marte	Mercúrio
	2	Marte	Mercúrio	Júpiter	Vênus	Saturno	Sol	Lua
	3	Sol	Lua	Marte	Mercúrio	Júpiter	Vênus	Saturno
	4	Vênus	Saturno	Sol	Lua	Marte	Mercúrio	Júpiter
	5	Mercúrio	Júpiter	Vênus	Saturno	Sol	Lua	Marte
	6	Lua	Marte	Mercúrio	Júpiter	Vênus	Saturno	Sol
	7	Saturno	Sol	Lua	Marte	Mercúrio	Júpiter	Vênus
	8	Júpiter	Vênus	Saturno	Sol	Lua	Marte	Mercúrio
	9	Marte	Mercúrio	Júpiter	Vênus	Saturno	Sol	Lua
	10	Sol	Lua	Marte	Mercúrio	Júpiter	Vênus	Saturno
	11	Vênus	Saturno	Sol	Lua	Marte	Mercúrio	Júpiter
	12	Mercúrio	Júpiter	Vênus	Saturno	Sol	Lua	Marte

Bibliografia

BRACELIN, J.L., *Gerald Gardner: Witch.* (Octagon Press, 1960).

BREWER, Rev. *Dr., The Guide to English History.* (Jarrold & Sons).

CONNON, F. Wallace, *The Stone of Destiny.* (The Covenant Publishing Co., Ltd., 1951).

DAMES, Michael, *The Silbury Treasure.* (Thames & Hudson, 1976).
_____. *The Avebury Cycle.* (Thames & Hudson, 1977).

GARDNER, Gerald B., *A Goddess Arrives.* (Arthur Stockwell Ltd.).
_____. *High Magic's Aid.* (Michael Houghton, 1949).
_____. *The Meaning of Witchcraft.* (Aquarian Press, 1959).
_____. *Witchcraft Today.* (Rider & Co., 1954).
_____. *Keris and Other Malay Weapons.* (E.P. Publishing, Yorkshire, 1973).

GRAVES, Robert, *The White Goddess.* (Faber & Faber, 1961).

HARRISON, Michael, *The Roots of Witchcraft.* (Muller, 1973).

HAWKINS, Gerald S., *Stonehenge Decoded.* (Souvenir Press, 1966).

LESLIE, Shane (Editor), *Anthology of Catholic Poets.* (Macmillan Lethbridge, T.C., E.S.P., *Beyond Time and Distance.* (Sidgwick & Jackson, 1974).
_____. *Ghosts and the Divining Rod.* (Routledge & Kegan Paul, 1963).

MICHELL, John, *The City of Revelation.* (Abacus, 1973).
_____. *The View over Atlantis.* (Abacus, 1973).

MURRAY, Margaret, *The God of the Witches*. (Faber & Faber, 1952).
____. *Witchcraft in Western Europe*. (OUP, 1921).

PHILLIPS, Guy R., *Brigantia*. (Routledge & Kegan Paul, 1976).

UNDERWOOD, Guy, *The Pattern of the Past*. (Abacus, 1974).

VALIENTE, Doreen, *An ABC of Witchcraft*. (Robert Hale, 1973).
____. *Witchcraft for Tomorrow*. (Robert Hale, 1978).

VOGH, James, *Arachne Rising*. (Hart-Davis/MacGibbon, 1977).

WADDELL, L. Austine, *The Phoenician origin of Britons, Scots and Anglo-Saxons*. (William & Norgate Ltd., 1924).

WALTON, Evangeline, *The Island of the Mighty*. (Pan/Ballantine, 1970).

WATKINS, Alfred, *The Old Straight Track*. (Abacus, 1974).